Michael Mary
Henny Nordholt
Change

Michael Mary
Henny Nordholt

CHANGE

Lust auf Veränderung

Kreuz

Alle in diesem Buch enthaltenen Angaben, Daten, Ergebnisse etc. wurden von den Autoren nach bestem Wissen erstellt und von ihnen mit größtmöglicher Sorgfalt überprüft. Gleichwohl sind inhaltliche Fehler nicht vollständig auszuschließen. Daher erfolgen die Angaben etc. ohne jegliche Verpflichtung oder Garantie des Verlags oder der Autoren. Beide schließen deshalb jegliche Verantwortung und Haftung für etwaige inhaltliche Unrichtigkeiten aus, es sei denn im Falle grober Fahrlässigkeit.

Die Deutsche Bibliothek – CIP-Einheitsaufnahme

Mary, Michael:
Change : Lust auf Veränderung / Michael Mary ; Henny
Nordholt. – 1. Aufl., 1.–8. Tsd. – Stuttgart : Kreuz-Verl., 1993
ISBN 3-7831-1234-6
NE: Nordholt, Henry:

1. Auflage (1.–8. Tausend)
Kreuz Verlag Stuttgart 1993
Umschlaggestaltung: Jürgen Reichert, Stuttgart
Gesamtherstellung: Ebner Ulm
ISBN 3 7831 1234 6

Inhalt

Vorwort

Jeder Mensch ist einzigartig, und so einzigartig ist auch der Weg, der ihn durch sein Leben führt. Niemand kann diesen Weg voraussehen – nicht einmal er selbst.

Wir wissen nicht, was morgen auf uns zukommt, vor welche Herausforderungen uns das Leben stellen und mit welchen Veränderungen es uns konfrontieren wird. Den Lebensweg zu gehen und trotz aller Unwägbarkeiten Glück und Erfüllung zu finden erfordert deshalb die Fähigkeit, sich verändern zu können und Veränderungen zuzulassen.

Veränderung beinhaltet zwei sich widersprechende Tendenzen. Einerseits suchen wir sie und haben *Lust auf Veränderung*. Andererseits fürchten wir jeden Wandel und entwickeln Scheu oder Angst davor. Deshalb ist Veränderung ein mitunter schwieriger Prozeß, der sich selten frei von Störungen entfaltet. Doch diese Störungen sind nicht zufällig. In ihnen erleben wir den Konflikt zwischen dem, was wir noch sind, und dem, was wir werden wollen.

Wir betrachten die Störungen und Probleme unseres Lebens, wie etwa Unzufriedenheit, Langeweile, körperliche oder seelische Symptome, Krankheiten, Beziehungskonflikte, Lebenskrisen und andere, als Hinweise auf notwendige Veränderungen, die geschehen wollen. Richten wir unsere Aufmerksamkeit auf diese unbewußten Botschaften und entdecken, womit uns ein Konflikt oder eine Störung in Kontakt bringen will, tauchen Lösungen auf, und Heilung ergibt sich. Dann können wir unseren Lebensweg und seine Richtungen erkennen und gegebenenfalls korrigieren.

So gewinnen wir die Fähigkeit der Selbstregulation, die darin besteht, innere Prozesse, Konflikte oder Probleme aufzugreifen und zur individuellen Entwicklung und Vervollständigung beitragen zu lassen. Diesem Ziel ist unsere Arbeit gewidmet.

Die Aspekte der Selbstregulation und verbunden damit die Überzeugung, daß jeder Mensch selbst sein bester Therapeut ist, sind zentrale Gesichtspunkte unserer Arbeit und unserer Sichtweise bei der Begleitung von Menschen. Wir wollten dieses zentrale Thema an den Anfang des Buches setzen, aber dazu hätten wir Begriffe verwenden müssen, ohne sie zuvor erklären zu können. Daher sind diese Themen im letzten Kapitel behandelt. Wenn Sie diese Aspekte besonders interessieren, lesen Sie das letzte Kapitel als erstes.

Michael Mary und Henny Nordholt

1. Wandel und Veränderung

In diesem Kapitel

– beschreiben wir die Unausweichlichkeit von Veränderungen und die Konflikte, in die sie uns führen.

Thesen:

– **Veränderungen beruhen auf einer inneren Lust.**
– **Dieser Lust zu folgen löst Angst aus.**
– **Treffen die Impulse einer Veränderung auf unsere Identifikation, gerät das, was wir werden wollen, in Konflikt mit dem, was wir bleiben wollen.**

Probleme sind zu lösende Aufgaben

Diesem Buch liegt die Überzeugung zugrunde, daß ein erfülltes Leben führt, wer sich selbst verwirklicht.

Sich zu verwirklichen und »man selbst« zu sein ist indes schwieriger, als es zu sein scheint, denn was wir früher einmal waren, sind wir heute nicht geblieben; und was wir heute sind, werden wir morgen nicht mehr sein. »Wir selbst« zu sein und zu bleiben stellt uns vor die Aufgabe permanenter Veränderung, Entwicklung und Erweiterung.

Im Laufe unseres Lebens verändert sich alles, unsere Art, zu fühlen und zu denken, ebenso wie unsere Persönlichkeit und unser Körper. Beziehungen zu Menschen verändern sich, lange bestehende Freundschaften lösen sich auf, intensive Liebesbeziehungen enden. Unsere Vorlieben ändern sich ebenso wie unsere Erwartungen an das Leben. Ziele, Vorstellungen, Pläne, Meinungen, Ideen und Ideale ändern sich – buchstäblich nichts bleibt, wie es einmal war.

Veränderung scheint das Wesen des Lebendigen zu sein. Wir beobachten sie in der Natur ebenso wie in der menschlichen Entwicklung. Alles Lebende bewegt sich, verändert sich, durchläuft Prozesse des Wandels und der Transformation. Die Tradition des *Zen* betrachtet Wandel als das einzig Stetige des Lebens.

Manchmal sehnen wir uns nach Veränderung und erfahren sie als Befreiung. Oft aber wehren wir uns dagegen oder werden durch Ereignisse, Probleme oder Krankheiten dazu gezwungen. Doch Wandel geschieht – unabhängig davon, ob wir ihn suchen und unterstützen oder ob er erzwungen scheint und leidvoll erfahren wird. In den Jahren unserer Arbeit mit Menschen haben wir jedoch eines gelernt: Es bringt wesentlich mehr Freude und erspart unnötiges Leid, wenn wir beginnende Veränderungen erkennen und ihnen helfen zu geschehen.

Wenn sie unausweichlich ist, kann es nur hilfreich sein, die Anzeichen einer beginnenden Veränderung zu erkennen. Wie können wir also feststellen, daß sich etwas ändern will?

Die Indikatoren beginnender Veränderungen unseres Lebens sind vielfältig: Sehnsucht, Unzufriedenheit, immer wiederkehrende Träume, Langeweile, Probleme jeder Art, sei es mit fremden Menschen oder gar in Partnerschaften, Einsamkeit, Krankheiten, Lebens- und Sinnkrisen – all diese Erscheinungen weisen darauf hin, daß etwas Neues geschehen will. Etwas will sich ändern oder in Erscheinung treten. Unser Körper spürt es, unsere Gefühle empfinden es, unsere Träume zeigen es, aber wir haben noch keine bewußte Notiz davon genommen.

Veränderungen kündigen sich an. Sie senden Botschaften in Form körperlich spürbarer, emotional fühlbarer oder in Bildern sichtbarer Impulse. Wir nennen solche Impulse die *Lust* eines Menschen, denn ihnen zu folgen ist letztlich ein lustvoller Prozeß. Folgt ein Mensch seiner *Lust*, geht er den Weg zu mehr Lebensqualität und Freude und leitet Wandel ein.

Dieser Wandel bringt Reibung mit sich, denn unser Drang zur Veränderung konfrontiert uns mit einer anderen starken Tendenz: dem Drang zu bleiben, was wir sind, und an dem festzuhalten, was wir erreicht haben. Wir nennen diesen Hang zur Sicherheit die *Angst* oder die *Enge* im Leben.

Den Impulsen einer Lust zu folgen bedeutet also, Veränderung einzuladen und zugleich Angst hervorzurufen. Jede Veränderung stellt eine Konfrontation mit der Zerbrechlichkeit und Unsicherheit unseres Lebens dar.

Freude und Leid liegen dicht beieinander, und wir wissen nicht, was uns als nächstes begegnen wird. Daher klammern wir oft mit beiden Händen am Vertrauten, mit dem wir uns identifizieren, und haben keine Hand frei, die an uns vorüberziehenden Gelegenheiten und Chancen des Lebens zu ergreifen.

Wenn Impulse einer Veränderung auf unsere Identifikationen treffen, gerät das, was wir werden wollen, in Konflikt mit dem, was wir sind.

Dann befinden wir uns in einem inneren Kampf zwischen der Lust auf das Neue und der Angst davor. Das Ergebnis dieses inneren Konflikts zeigt sich im Einfluß, den Freude und Angst auf unser Leben nehmen. Dieses Verhältnis entscheidet über die Qualität des Lebens. Eine entscheidende, vielleicht sogar die wichtigste Frage des Lebens lautet:

Was bestimmt unser Leben? Freude oder Angst?

Diese Frage ist in großen wie auch kleinen Dingen von Bedeutung. Es kann beispielsweise das ganze Leben verändern, einen fremden Menschen anzusprechen. Wir verspüren die Lust dazu, und es wäre eine große Freude, es zu tun, aber Angst kann uns davon abhalten. Es kann unsere größte Sehnsucht sein, den vertrauten Beruf aufzugeben und etwas anderes zu tun, aber Angst kann uns einreden, das wäre aussichtslos, und uns im Gewohnten verharren lassen.

Der Konflikt zwischen Freude und Angst kann uns in starke innere Spannung versetzen. Dann befinden wir uns in einer Zwickmühle. Folgen wir der Angst, müssen wir unsere Lust verdrängen. Dann werden wir verzichten und früher oder später frustriert und gelangweilt sein und ein Problem haben. Folgen wir unserer Lust, dann rufen wir eine mitunter massive Angst vor dem Unbekannten hervor, und es gilt, mit dieser Angst umzugehen. Auch in diesem Fall stehen wir vor einem Problem. So oder so – wir müssen auf jeden Fall ein Problem bewältigen.

Hier offenbart sich die tiefere Bedeutung des Wortes *Problem* als einer *zu lösenden Aufgabe.* Wenn wir ein Problem haben, ist dies ein Zeichen dafür, daß eine Aufgabe gelöst werden will. Könnten wir die Aufgabe ohne weiteres lösen, wäre kein Problem entstanden. Die Aufgabe zu lösen erfordert also, uns zu verändern. Haben wir diese Herausforderung angenommen und eine Aufgabe gelöst, dann sind wir durch einen Prozeß der Transformation gegangen und gereift, sind ein anderer geworden und dadurch »wir selbst« geblieben, denn »wer sich ändert, bleibt sich treu«.

Wenn wir die Dynamik menschlicher Veränderung begreifen und mit geeigneten Methoden unterstützen, können wir *mit den Prozessen des Lebens gehen,* anstatt uns gegen den Fluß zu stemmen. So werden wir Geburtshelfer des Neuen und tragen aktiv zur stetigen Transformation unseres Lebens bei.

Wir sind immer wieder fasziniert davon, auf welch einfachen Mechanismen selbst umfassende Veränderungen beruhen. Das ist ein Grund, warum wir unsere Arbeit *Methodische Transformation* genannt haben, denn wir arbeiten auf der Grundlage dieser einfachen und natürlichen Prinzipien. Unsere Methode der Transformation beginnt mit dem Wahrnehmen der Lust eines Menschen »Wo will er hin – was sucht er?«, führt über eine innere Auseinandersetzung mit seiner Angst »Wo heraus lebt er gegenwärtig – wo ist er?« hin zu einer Erweiterung des Lebens »Wie will seine Veränderung geschehen?«

Wir glauben dabei nicht an Rezepte der Veränderung. Wir glauben, daß jeder Mensch das Wissen und die Weisheit seines Weges in sich trägt und seinen Weg selbst gehen und sein einzigartiges Wesen verwirklichen kann, wenn er Kontakt zu dieser Weisheit findet. Dieser inneren Weisheit zu folgen führt zu Selbstverwirklichung und Lebensfreude. Was uns daran hindern kann, den Weg dieser Freude zu gehen, ist unsere Angst.

Methodische Transformation

Freude und Angst sind in unseren Augen die zentralen Themen des Lebens, und es sind zentrale Themen der Methodischen Transformation, die wir in diesem Buch darstellen wollen. Methodische Transformation ist keine neue Therapie. Sie ist vielmehr eine Methode zur Unterstützung von Veränderung, ein System der Selbsterfahrung, in das wir Anteile vieler bewährter und erprobter Therapiemethoden integriert haben. Indem sie sich mit den verschiedenen Bereichen des Selbst, mit dem Körper, den Gefühlen, dem Verstand, der Bewußtheit, mit menschlichen Beziehungen und der Beziehung zur Welt befaßt, wird die Methodische Transformation zu einem ganzheitlichen Instrument, das helfen kann, mit den Wechselfällen des Lebens selbstverantwortlich umzugehen. Solch ein Hilfsmittel kann sehr nützlich sein, wenn wir:

- nach mehr Freude und Lebendigkeit suchen,
- unsere Zukunft bewußt gestalten wollen,
- uns im Leben neu orientieren wollen,
- in menschlichen Beziehungen und Partnerschaften weiter kommen möchten,

- die Vergangenheit bewältigen wollen,
- unsere Empfindungsfähigkeit erhöhen wollen,
- uns in Umbruch- oder Krisenphasen befinden, sei es durch Krankheiten, Verlust eines Menschen, berufliche Probleme oder wenn wir Lebens- und Sinnkrisen durchleben.

Das alles sind Grenzsituationen des Lebens, in denen wir darauf angewiesen sind, neue Fähigkeiten zu entwickeln. Methodische Transformation kann über diese Grenzen hinweghelfen und die Entwicklung neuer Fähigkeiten unterstützen. Darin, in der Entfaltung unserer Potentiale und der Freisetzung unserer Kreativität, in der Entwicklung der Fähigkeit, mit den Wechselfällen des Lebens selbst umzugehen, und in der Gestaltung eines Lebens, das auf der Freude beruht, »wir selbst« zu sein, besteht das Ziel unserer Arbeit.

2. Wo heraus leben wir?

In diesem Kapitel

- stellen wir die Frage nach dem Hintergrund menschlicher Handlungen,
- erläutern wir Grundbegriffe der Methodischen Transformation wie *Angst, Lust, Freude, Identifikation, Kontext, innere Atmosphäre, Überzeugung* und *Erfahrung,*
- erforschen wir die Entstehung von Lebenserfahrungen.

Thesen:

- **Lebenserfahrungen passieren nicht. Wir machen sie.**
- **Die innere Atmosphäre, aus der heraus wir leben, bestimmt über unser Leben und seine Erfahrungen.**
- **Leben wir aus Angst, dann bestimmt Angst über unser Leben. Leben wir aus Freude, dann bestimmen Freude und Selbstvertrauen unsere Erfahrungen.**

Wir tun weit mehr aus Angst, als uns bewußt ist

Angst und Freude (Lust) sind zentrale Themen des Lebens, weil sie den Hintergrund menschlicher Handlungen bilden. Wir tun Dinge aus diesen beiden Motiven. Einerseits handeln wir, weil wir Angst vor etwas, und andererseits, weil wir Lust auf etwas haben. Dieser Hintergrund, *aus dem heraus wir leben*, ist, wie wir in diesem Buch darlegen wollen, von außerordentlicher Bedeutung für den Verlauf des Lebens. Es wäre also gut zu wissen, wann unser Leben von Angst oder von Freude bestimmt wird. Das herauszufinden ist jedoch nicht einfach, denn die gleiche Handlung kann aus unterschiedlichen Motiven entstehen.

Beispielsweise können wir einen Menschen sowohl aus Angst als auch aus Lust anschreien. Stellen wir uns einen Mann, Herrn A, als Betriebsleiter vor, der seinen Mitarbeiter Herrn L öfter anschreit und abkanzelt. Sicherlich tut Herr A das aus Angst, auch wenn es ihm notwendig erscheint und auch wenn es seinen Mitarbeitern so vorkommen mag, als ob er Spaß daran hätte. Er tut es aus Angst, einen Auftrag nicht zu bekommen, einen Liefertermin nicht einhalten zu können oder Macht und Ansehen in der Firmenhierarchie zu verlieren.

Was aber, wenn Herr L, der sich das bisher gefallen ließ, eines Tages zurückschreit? Handelt er jetzt aus Angst oder aus Lust? Wahrscheinlich wird sein Schreien der Lust entsprechen, sich endlich zu behaupten und seine Würde zu wahren. Schließlich hatte er bisher aus Angst geschwiegen und stillgehalten; jetzt folgt er seiner Lust, sich aufzurichten und auf eine gleichberechtigte Ebene mit seinem Chef zu stellen.

Es gibt einen wesentlichen Unterschied im hier beschriebenen Verhalten der beiden Männer. Herr L hat sich verändert. Folgte er bisher seiner Angst und gab nach, folgt er jetzt seiner Lust und behauptet sich. Herr A macht jedoch weiterhin, was er immer tat: Aus Angst schreit er Leute an. Macht er so weiter, wird er eines Tages feststellen, nur noch ängstliche Mitarbeiter in seiner Nähe zu haben, denn die selbstbewußten Mitarbeiter haben gekündigt. Oder er verändert sich ebenfalls und entdeckt seine Lust. Worin könnte diese Freude bestehen? Wahrscheinlich in dem, das er bisher aus Angst nicht zu tun wagte– über seine Befürchtungen zu sprechen, anstatt andere zu beschuldigen, und sich seinen Mitarbeitern auf diese Weise anzu*vertrauen.* Würde Herr A das tun, hätte auch er sich verändert, denn jetzt könnte er zwei Dinge. Er könnte schreien, wenn es unbedingt nötig wäre; und er könnte vorwiegend vertrauensvoll mit seinen Mitarbeitern umgehen.

Eine Handlung kann also, wie dieses Beispiel zeigt, sowohl Ausdruck von Angst als auch von Lust sein. Ist sie Ausdruck von Angst, wird sie sich ähnlich destruktiv auswirken, wie sie das beim Schreien des Vorgesetzten tut. Ist sie Ausdruck einer Lust, baut sie Selbstvertrauen auf, wie das bei dem Angestellten geschah.

Wir tun weit mehr aus Angst, als uns bewußt ist. Manche Eltern bestrafen ihre Kinder mit Hausarrest, wenn deren Schulleistungen schlecht sind. Sie tun das *aus Angst* vor der Meinung der Nachbarn oder aus Sorge um die Zukunft der Kinder. Manche Menschen arbeiten viel und wollen immer mehr, obwohl sie bereits alles besitzen. Sie tun dies *aus Angst* vor Inflation, vor der Unsicherheit des Lebens, vor den Gefühlen der Sinnlosigkeit, die sich einstellen könnten, würden sie weniger arbeiten. Andere Menschen halten ihre kreativen Möglichkeiten zurück – *aus Angst,* sich lächerlich zu machen oder zu versagen.

Partner können auseinandergehen. Diese Trennung

kann aus Angst geschehen, sich in der Beziehung nicht entfalten zu können, oder aus Lust auf ein neues Leben und einen neuen Partner. Partner können aus Freude am Zusammenleben und geteilter Liebe zusammenbleiben oder aus der Angst vor dem Alleinsein.

Diese einfachen Beispiele sollen eines deutlich machen: Aus einer Handlung kann man nicht auf den Hintergrund schließen, aus dem sie entsteht. Jede Handlung gewinnt ihre Bedeutung erst im Zusammenhang mit dem inneren Zustand und der persönlichen Situation eines Menschen. Deshalb ist es nicht immer einfach zu entscheiden, ob wir etwas aus Angst oder Freude tun.

Angst und Enge

Der Begriff Angst, wir wir ihn hier verwenden, meint nicht bloß ein vorübergehendes Gefühl. Diese Angst beschreibt eine innere Atmosphäre der Enge und Eingeschränktheit.

So wie uns eine äußere Atmosphäre, zum Beispiel die Stimmung des Partners oder ein zwischenmenschliches Klima, beflügeln oder bedrohen kann, werden wir auch durch eine innere Atmosphäre ermutigt oder bedrückt. Wenn wir uns in einer inneren Atmosphäre der Enge aufhalten, fühlen wir uns bedroht, einsam, angespannt, unter Druck, minderwertig oder unsicher und entwickeln diesen Gefühlen entsprechende Gedanken und Handlungen.

Nehmen wir das Beispiel des Menschen, der sich anderen gegenüber wertlos fühlt. Solch ein Mensch lebt ständig, wie wir es ausdrücken, »in der Angst« oder »aus der

Angst«, nicht geliebt und abgelehnt zu werden. Er lebt in einer inneren Atmosphäre der Wertlosigkeit. Diese innere Enge drückt sich in gedanklichen Überzeugungen aus wie »Ich bin nicht so viel wert wie andere«, »Ich bin nicht willkommen« oder »Ich bin nicht liebenswert« und bringt den Menschen dazu, sich anzupassen und unterzuordnen. Solch eine Angst kann Einfluß auf das gesamte Leben nehmen und die berufliche und private Entwicklung eines Menschen behindern. Wir alle kennen Menschen, denen es so ergeht.

Eine junge Frau lebte, bezogen auf das andere Geschlecht, in einer Atmosphäre der Minderwertigkeit. Sie beklagte sich darüber, keinen Partner zu finden, und war überzeugt davon, »kein Mann« finde sie attraktiv. Demzufolge vermied sie Kontakt mit Männern, vor allem den in der ersten Begegnung so wichtigen Augenkontakt. Eigentlich wollte sie Männer ansprechen und ansehen, aber sie traute sich nicht, das zu tun. So war es kein Zufall, daß sie alleine blieb, sondern Ergebnis ihrer Angst vor Ablehnung, die aus ihrer inneren Atmosphäre der Minderwertigkeit erwuchs.

Es gibt viele Namen für die Atmosphären der Enge, die in uns bestehen und aus denen heraus wir oftmals handeln. Minderwertigkeit, Bedrohtheit, Verschlossenheit, Resigniertheit, Sinnlosigkeit, Verbissenheit, Angespanntheit, Hoffnungslosigkeit, Abhängigkeit, Einsamkeit sind nur einige davon. Alle diese Atmosphären können großen Einfluß auf unser Leben haben und tun dies auch – oft genug ohne daß wir es bemerken.

Freude und Lust

Der Begriff der Lust (oder der Freude), wie wir ihn hier gebrauchen, meint ebenfalls eine innere Atmosphäre, jedoch einen Zustand innerer Weite. Halten wir uns in einem solchen Zustand auf, fühlen und denken wir auf völlig andere Weise und entwickeln Selbstvertrauen und vielfältige Verhaltensmöglichkeiten.

Bezogen auf das oben angeführte Beispiel der jungen Frau, die sich einen Partner wünscht, entspräche es ihrer Lust, einen Mann anzusehen, auf ihn zuzugehen und ihn anzusprechen. So könnte sie die Erfahrung machen, daß es mit Sicherheit mehr als einen Mann gibt, der sie attraktiv findet. Ebenso entspräche es der Freude oder Lust des oben erwähnten angepaßten und zurückhaltenden Menschen, aus seinem inneren Versteck hervorzutreten und Mitmenschen mit seinen wahren Fähigkeiten zu konfrontieren.

In beiden Fällen hätte sich die Lust oder Freude der Menschen durchgesetzt und sie hätten aus einer Atmosphäre der »Selbstsicherheit« oder des »Selbstvertrauens« heraus gehandelt, aus einer Atmosphäre der Freude. Einige Namen für Atmosphären der Freude lauten: Lebendigkeit, Selbstbewußtheit, Verbundenheit, Entspanntheit, Sinnhaftigkeit, Selbstsicherheit, Eigenständigkeit, Vertrauensfähigkeit, Unabhängigkeit. Natürlich lassen diese Zustände ganz andere Gefühle und Gedanken in uns entstehen und wirken sich anders auf unser Leben aus, als Angst dies tut.

Identifikation

Am liebsten würden wir – so vieles tun, aber wir trauen uns nicht. Wir haben Lust auf das Neue und zugleich auch Angst davor. Was hindert uns eigentlich daran, einer Lust zu folgen? Warum folgen wir in vielen Situationen statt dessen der Angst?

Weil wir unsere Gewohnheiten und damit unsere *Sicherheit* in Frage stellen, wenn wir etwas Neues tun. Jeder kennt Aussagen wie »Das kann ich nicht«, »So bin ich eben«, »Ich kann nicht aus meiner Haut«, oder ähnliche. Wir haben ein bestimmtes Bild von uns selbst entwickelt, das wir ungern verändern wollen. Wir sind identifiziert mit dem, was wir geworden sind, und fürchten uns vor dem, was wir werden wollen. Um einer Lust zu folgen, müssen wir aber den sicheren Rahmen einer Identifikation verlassen und etwas tun, das wir uns bisher nicht vorstellen konnten. Die junge Frau aus dem Beispiel oben konnte sich nicht vorstellen, einen Mann anzusprechen, denn sie war mit ihrer Schüchternheit identifiziert und glaubte darüber hinaus, daß eine Frau »so etwas nicht tun sollte«.

Identifikationen sind jedoch nicht nur hinderlich. Sie geben uns auch einen sicheren Orientierungsrahmen oder ein Geländer, an dem wir uns festhalten können, indem sie uns sagen, wie wir sind oder sein sollen, wie wir uns verhalten sollen, was sich gehört oder was wir lieber nicht tun sollten. Aber Identifikationen engen uns gleichzeitig ein und verhindern oder erschweren Veränderung.

Um zu tun, was wir »eigentlich« oder »am liebsten« tun wollen, um also der Freude zu folgen, müssen wir uns mit unserer Identifikation auseinandersetzen. Wenn der Impuls einer Lust stark genug ist, kann er den Rahmen der zu engen Identifikation sprengen und dadurch Weite in unser Leben bringen.

Lebenserfahrungen

Atmosphären der Weite sind von Selbstvertrauen, Zuversicht, Entspanntheit, Stärke, Klarheit und Hoffnung geprägt. Es ist leicht nachvollziehbar, daß unser Leben einen völlig anderen Verlauf nimmt, wenn wir aus einer Atmosphäre der Weite heraus handeln statt aus einer Atmosphäre der Angst. Der Mensch, der im Zustand der Selbstbewußtheit lebt, wird andere Entscheidungen treffen und demzufolge auch ganz andere Erfahrungen machen als ein Mensch im Zustand von Minderwertigkeit.

Damit ist schon angedeutet, daß die Erfahrungen unseres Lebens nicht zufällig entstehen und nicht verallgemeinerbar sind, sondern im Gegenteil etwas sehr Individuelles.

Dieser Punkt ist von derart zentraler Bedeutung, daß wir uns kurz der Theorie der Wahrnehmung zuwenden wollen. Die Wahrnehmungsforschung der letzten Jahrzehnte hat entschlüsselt, wie menschliche Erfahrung und individuelle Realität entstehen.[1] Viele Menschen setzen Erfahrungen mit Ereignissen gleich. Doch eine Erfahrung ist etwas völlig anderes als ein Ereignis, *denn erst indem Ereignisse einen individuellen Verarbeitungsprozeß durchlaufen, werden sie zu Erfahrungen gemacht*. Zum Beispiel ist das Ereignis »Mein Partner spricht nicht mit mir« nur ein Ereignis. Um daraus eine Erfahrung zu machen, müssen wir:

1. diesen Vorfall deuten,
2. dadurch zu einer Überzeugung (einem Glauben) kommen,
3. aufgrund der wir reagieren,
4. wodurch wir schließlich eine Erfahrung herstellen.

Erst nach Durchlaufen dieser vier Schritte ist aus dem Vorfall »Angeschwiegen-Werden« eine Erfahrung geworden. Wird derselbe Vorfall von zwei Menschen unterschiedlich gedeutet, stehen am Ende auch zwei unterschiedliche Erfahrungen. Wenn wir »Angeschwiegen-Werden« als Ablehnung deuten, also durch die innere Atmosphäre der Bedrohtheit wahrnehmen, werden wir zu der Überzeugung kommen, der Partner »liebe uns nicht«. Als nächstes werden wir uns zurückziehen und die Erfahrung gemacht haben, die Partnerschaft »funktioniere nicht gut«.

Deuten wir »Angeschwiegen-Werden« jedoch durch die innere Atmosphäre der Selbstbewußtheit, dann gelangen wir zu der Überzeugung, es handle sich um einen Versuch des Partners, uns mitzuteilen, daß er Abstand und Ruhe braucht. Wir geben ihm diesen Abstand und machen die Erfahrung, die Partnerschaft »funktioniert gut«, denn wir können uns Pausen geben und auch einmal in Ruhe lassen.

Derart unterschiedlich können Erfahrungen sein, die aus demselben Vorfall gemacht werden. Für viele Menschen scheint es schwer vorstellbar zu sein, daß wir die Erfahrungen unseres Lebens (nicht die Ereignisse!) selbst machen. Aber wir tun es, egal, ob es sich um unbedeutende oder bedeutende Erfahrungen handelt. Wir glauben, Erfahrungen »passieren« oder »stoßen uns zu«. Aber das ist ein Irrtum. Ereignisse passieren oder stoßen zu uns, Erfahrungen machen wir selbst.

Betrachten wir die einzelnen Phasen der Erfahrungsbildung genauer.

1. Kontext

Der Dreh- und Angelpunkt der Erfahrungsgestaltung liegt am Anfang des Wahrnehmungsprozesses, also bei der Deutung von Ereignissen. Dinge geschehen um uns und mit uns, und wir stehen vor der Aufgabe, all diese Vorgänge in unser Verständnis einzuordnen, damit wir auf sie reagieren können. Wie aber sollen wir einen bestimmten Vorgang deuten? Welche Anhaltspunkte haben wir für die nötige Deutung zur Verfügung? Was bedeutet »Angeschwiegen-Werden«? Was ist der Sinn dieses Ereignisses? Wir fragen besser: In welchem Zusammenhang macht ein bestimmter Vorgang welchen Sinn?

Im Zusammenhang mit Minderwertigkeit macht der Vorfall »Angeschwiegen-Werden« nur einen wirklichen Sinn: Der Partner lehnt mich ab, er mag mich nicht, ich bin falsch. Im Zusammenhang mit Selbstbewußtheit macht der gleiche Vorfall jedoch einen ganz anderen Sinn: Der Partner will mir durch sein Schweigen sagen: »Ich bin überlastet, ich brauche Ruhe.«

Es ist der *Kontext*, in den wir Dinge stellen, der Zusammenhang, in dem wir sie sehen, der uns ihren Sinn und ihre Bedeutung suggeriert. Wir müssen die Dinge des Lebens in einen Kontext, in einen Zusammenhang, einordnen, wenn sie einen Sinn ergeben sollen. *Wir können sie jedoch nur in den Kontext einordnen, der uns innerlich zur Verfügung steht.* Ein anderes Wort für Kontext ist der Begriff der »inneren Atmosphäre«.

Um uns in der Welt zurechtzufinden, haben wir eine Vielzahl von Zusammenhängen entwickelt. Wir haben Kontexte für Liebesbeziehungen, Arbeit, Freundschaft, Ehe, für den Umgang mit Kindern, mit uns selbst und der Welt entwickelt. Diese Kontexte sind nicht identisch und können sich sehr voneinander unterscheiden. So ist es durchaus möglich, einem Freund aus der Atmosphäre der Gleichwertigkeit zu begegnen, einem Liebespartner aus der Atmosphäre der Minderwertigkeit und einem Fremden aus der Atmosphäre der Überheblichkeit.

2. Überzeugung

Ist er einmal vorhanden, funktioniert der Kontext wie eine Maschine, die ständig Deutungen hervorbringt. Etwas geschieht, wir ordnen es blitzschnell in einen Zusammenhang ein, geben ihm so Be-*deutung* und kommen zu einer der Deutung entsprechenden Überzeugung.

Um solche Überzeugungen herum bauen wir – ohne uns dessen bewußt zu sein – ganze Bereiche unseres Lebens auf. Der Kontext Bescheidenheit führt zur Überzeugung »Ich bin nicht so wichtig«. Der Kontext Verbissenheit überzeugt einen Menschen davon, »daß das Leben hart ist«. Der Kontext Resignation macht ihn glauben, daß »alles keinen Sinn hat«.

Eine solche Überzeugung wirkt wie eine sichere Vorhersage der Zukunft. Sie redet uns ein, daß etwas ganz Bestimmtes geschehen wird und wir unser Verhalten darauf einstellen müssen, um Schaden von uns abzulenken. Damit diktiert eine innere Überzeugung unsere individuelle Reaktion, also unser Verhalten.

3. Reaktion/Verhalten

Sind wir der festen Überzeugung, daß »es ja doch keinen Sinn hat«, werden wir ein Ziel aufgeben oder gar nicht anfangen, etwas erreichen zu wollen, um uns nicht sinnlos anzustrengen. Glauben wir, »das Leben sei hart«, werden wir auf Teufel komm raus kämpfen und uns abmühen, um etwas zu erreichen, selbst wenn das gleiche Ziel auch ohne Anstrengung zu erreichen wäre. Glauben wir, »nicht wichtig« zu sein, werden wir das Feld anderen überlassen und verzichten, um das Leid der Frustration zu vermeiden.

4. Ergebnis/Erfahrung

Dieses Verhalten, das eine Reaktion auf unsere inneren Vorgänge darstellt, führt nun zu einem Ergebnis: zu einer Erfahrung, die wir schon oft gemacht haben.

Der Zurückhaltende wird erfahren, »Siehst du, ich bekomme nicht, was ich brauche, ich bin eben nicht wichtig«, denn er hat verzichtet; der Verbissene wird bestätigt finden, daß »das Leben hart ist«, denn er müht sich wirklich ab; und der Resignierte wird erfahren, daß tatsächlich »nichts Sinn macht«, denn er hat aufgegeben, es geschieht und verändert sich überhaupt nichts.

Kontext oder innere Atmosphären drücken nie die Wahrheit über das Leben aus, aber sie sind immer wirksam. Sie lassen *alles so werden, wie es unserem Kontext entspricht.* Aber das geschieht nicht, weil die Realität so ist. Wir selbst haben das Kunststück vollbracht, in der Vergangenheit entstandene Erfahrung unseres Lebens zu wiederholen oder perfekt zu kopieren. Auf diese Weise können Menschen ein ganzes Leben verbringen und am Ende davon überzeugt sein, das Leben begriffen zu haben und zu wissen, wie »es wirklich ist«. Doch das Leben ist nicht so, lediglich die individuelle Erfahrung des Lebens ist so, und die ist selbst gemacht.

Die innere Atmosphäre

Damit wird deutlich, daß die innere Atmosphäre über die Gestaltung unserer Erfahrung bestimmt.

Das, aus dem heraus wir leben, bestimmt unser Leben und seine Qualität. Leben wir aus Angst, dann bestimmt Angst unser Leben. Leben wir aus Freude, dann bestimmt Freude unser Leben und seine Erfahrungen.

Die ungeheure Bedeutung der inneren Atmosphäre besteht in der Tatsache, daß wir auf jeden Fall einen Kontext brauchen, um Vorgänge überhaupt verstehen und auf sie reagieren zu können. Haben wir keinen Kontext, in den ein Ereignis hineinpaßt, können wir damit rein gar nichts anfangen.

Wenn Sie beispielsweise einem Menschen, der im Kontext der Minderwertigkeit lebt, sagen: »Du bist gut, du bist großartig, mach etwas aus deinen Ideen«, wird diese Aussage keinen Sinn für ihn ergeben. Er wird nicht glauben, daß Sie von ihm sprechen, oder er wird sagen: »Sie kennen mich nicht richtig, ich bin nicht so begabt, wie Sie glauben.« Diesen Menschen von seiner Begabung überzeugen zu wollen wäre vergleichbar damit, einem Steinzeitmenschen einen Computerchip zu zeigen. Er könnte damit nichts anfangen und würde ihn ablehnen.

Wir erinnern uns an einen Klienten, der nach dem zweiten Herzinfarkt durch seinen Arzt in die Beratung geschickt wurde und der kategorisch ausschloß, mit dieser Krankheit irgend etwas zu tun zu haben. Er wollte Pillen und keine Therapie. Es war offensichtlich, daß dieser Mann sein Leben aus einer Atmosphäre der »Angespanntheit« und »Ruhelosigkeit« heraus führte. Er war jedoch davon überzeugt, daß der Fehler in seinem Körper, nämlich dem Organ Herz zu suchen sei und nicht bei ihm und seiner Lebensweise. Daß er sein Herz »zu Schanden geritten« hatte, machte für ihn keinen Sinn, denn er verfügte über keinen Kontext der Verbundenheit mit seinem Herzen und der Selbstliebe, der es ihm ermöglicht hätte, Rücksicht auf seine körperlichen und seelischen Bedürfnisse zu nehmen. So konnte er nicht anders, als sich weiter selbst zu schaden.

Lebenserfahrungen verändern

Auch wenn die innere Atmosphäre großen Einfluß auf unser Leben ausübt, sind wir einem einmal entstandenen Kontext nicht hilflos ausgeliefert. Wir können Erfahrungen verändern, indem wir den Kontext verändern, der ihnen zugrunde liegt.

Einer Frau gelang es, die Erfahrung des Vorfalls »Mein Mann hat mich verlassen und lebt mit einer anderen Frau zusammen« zu verändern. Sie kam verzweifelt in die Beratung, weil seit Wochen ein Bild auftauchte, das sie sehr traurig machte:

»Ich sehe mich vor dem Haus stehen und beobachte die beiden, wie sie auf dem Sofa sitzen. Die Tür ist für mich verschlossen, mir ist kalt, und ich fühle mich einsam wie ein Kind.«

Diese Frau erlebte den Vorfall »Mein Mann lebt mit einer anderen Frau« durch den Kontext der Einsamkeit. Natürlich ist solch eine Trennung dann noch schwerer zu verkraften, denn im Kontext der Ausgeschlossenheit macht dieser Vorfall nur einen Sinn: »Ich werde nicht geliebt, ich bin wertlos.« Dementsprechend wertlos fühlte sie sich. Die beste Möglichkeit, sich weiterhin ungeliebt zu fühlen und sich selbst zu beweisen, daß »niemand mich liebt«, bestünde darin, innerlich vor dem verschlossenen Haus stehenzubleiben.

Um ihre Erfahrung des Vorfalls »verlassen werden« zu verändern, machten wir eine Traum-Reise mit einem Hubschrauber senkrecht in die Höhe. Langsam veränderte sich die Perspektive, als der Hubschrauber über den Dächern ankam. Von dort oben konnte die Frau Häuser von Freunden sehen, die im gleichen Stadtteil wohnten. Wir stiegen höher, und es tauchten andere Städte auf, in denen weitere Freunde lebten. Schließlich reisten wir um die Welt und entdeckten sogar in anderen Ländern Menschen, die sie kannten und mochten.

Allmählich veränderte sich die innere Atmosphäre dieser Frau von Ausgeschlossenheit hin zu Verbundenheit. Aus der Atmosphäre der Verbundenheit heraus erlebte sie den Vorfall »Mein Mann hat mich verlassen und lebt mit einer anderen Frau zusammen« anders:

»Vielleicht ist es auch besser so. Wir hatten in den letzten Jahren hauptsächlich Streit und Ärger. Auf jeden Fall werde ich nicht länger auf ihn warten und mich nach ihm verzehren. Ich werde mein Glück woanders suchen.«

Die Frau war getröstet und zuversichtlicher. Die Bilder und Gefühle der Ausgeschlossenheit hatten sich verändert. Wie war das möglich? Die Welt ist die gleiche geblieben, der Mann lebt immer noch mit einer anderen Frau, aber die Erfahrung dieses Vorfalls ist eine andere geworden, weil er in einem anderen, erweiterten Zusammenhang erlebt wurde, im Zusammenhang der Verbundenheit mit anderen Menschen und nicht mehr im Zusammenhang der Ausgeschlossenheit und Einsamkeit.

Damit ist das Thema Trennung für die Frau sicherlich nicht erledigt. Aber es geht wieder aufwärts. Neue Perspektiven sind in Sicht, und auch neue Beziehungen werden wieder möglich.

Zusammenfassung

Wie wir es auch drehen und wenden – die Erfahrungen des Lebens passieren nicht einfach, wir *machen* sie selbst. Wir tun es beständig, bewußt oder unbewußt, zum Guten oder zum Schlechten. Sicherlich haben wir keine Kontrolle darüber, was uns im Leben begegnet, welche Vorfälle sich ereignen und welche Ereignisse geschehen. Viele Ereignisse sind nicht zu beeinflussen. Doch was wir aus einem Vorfall machen, welche Erfahrung wir daraus entstehen lassen, dafür können wir niemand die Verantwortung geben, das liegt an uns selbst.

Wenn das so ist, liegt darin zugleich die große Chance, uns selbst zu verändern und so die Qualität unserer Erfahrungen und des Lebens zu verbessern.

3. Zu lösende Aufgaben

In diesem Kapitel

- gehen wir auf die Entstehung innerer Atmosphären ein,
- beschreiben wir den Kern von Problemen,
- betrachten wir, wie Spaltungen in unserer Wahrnehmung als »Probleme« auftauchen,
- beschreiben wir die Kräfte der Selbstregulierung.

Thesen:

- **Aus dem Bewußtsein verdrängte Teile verschwinden nicht. Sie tauchen verwandelt oder an anderer Stelle auf und machen uns Probleme.**
- **Ein Problem zeigt das Bestreben verdrängter Teile, in unser Bewußtsein aufgenommen zu werden.**
- **Unbewußte Teile ins Bewußtsein aufzunehmen heißt, sich zu verändern.**
- **So heilen wir uns selbst.**

Gespalten sein

Die immense Bedeutung der inneren Atmosphäre, die wir im vorigen Kapitel dargestellt haben, wirft die Frage nach ihrer Entstehung auf. Zweifellos sind Lebenskontext und Grundüberzeugung eines Menschen Ergebnisse früher kindlicher Konditionierungen.

Eine innere Atmosphäre ermöglicht den Zugang zu bestimmten Gefühlen und Anschauungen und schließt andere aus. Lebten wir als Kind beispielsweise in einer äußeren Atmosphäre der »Bedrohtheit«, die durch Lieblosigkeit oder Überforderung verursacht wurde, wird unsere gesamte Wahrnehmung von dieser Atmosphäre geprägt. Auch als Erwachsene werden wir tief innen davon überzeugt sein, daß die Welt »gefährlich« ist, wir selbst »bedroht« sind, und in ständiger Erwartung von Bedrohung leben. Es wird uns schwerfallen, Menschen zu vertrauen und das Leben leichtzunehmen.

Wir alle haben die Erfahrung gemacht, daß einige unserer Eigenarten von den Menschen, die wir liebten und brauchten, nicht erwünscht waren. Um deren Liebe trotzdem zu bekommen, oder um körperlicher oder psychischer Bestrafung zu entgehen, haben wir uns von Seiten getrennt, die eigentlich zu uns gehören. Sei das unsere Sexualität, Wut, Lebendigkeit, Offenheit, Ehrlichkeit, Verletzlichkeit, Kraft oder etwas anderes. Wir haben in der Kindheit die Verhaltensweisen kultiviert, mit denen wir unter den damaligen Umständen und Bedingungen die besten körperlichen und emotionalen Überlebenschancen hatten. Wenn wir mit Ehrlichkeit nichts erreichen konnten, haben wir den Kontext der Verlogenheit entwickelt und uns von Ehrlichkeit getrennt. Wenn wir durch Selbstbewußtheit nur Schwierigkeiten ernteten, haben wir den

Kontext der Nachgiebigkeit erlernt und uns von Selbstbehauptung getrennt.

Als Folge solcher Trennungen haben wir Angst vor diesen Kräften entwickelt, denn es war gefährlich, sich zu ihnen zu bekennen. Hat beispielsweise ein Kind einen jähzornigen und unberechenbaren Vater, wäre es gefährlich, Selbstbehauptung zu zeigen. Klüger wäre es, unauffällig zu sein und Heimlichkeiten zu haben, also eine innere Atmosphäre der Zurückgezogenheit zu entwickeln. Nach und nach gelangt das Kind dann zur Überzeugung, Selbstbehauptung an sich sei gefährlich, und trennt sich insgesamt von dieser Kraft. So wird die Spaltung von dieser Kraft verinnerlicht und der Umgang mit ihr verlernt. Auf diese Weise entstanden nach und nach die Problemkontexte, aus denen seine heutigen Schwierigkeiten resultieren.

Jeder inneren Atmosphäre der Enge liegen also bewußte oder unbewußte Überzeugungen zugrunde, wir sollten oder dürften nicht sein, was wir sind, nicht fühlen, was wir fühlen, oder nicht denken, was wir denken. Jeder Angst liegt eine Identifikation zugrunde, die uns auf *eine* Verhaltensweise festlegt und uns von *anderen* fernhält.

In solchen Trennungen von wichtigen Eigenschaften liegt das Wesen unserer Probleme, denn durch Abspaltung und Entfremdung fehlen uns Fähigkeiten, die wir zur Bewältigung bestimmter Lebenssituationen dringend brauchen.

Identifikation und das Unbewußte

Identifikation zieht die Grenze zwischen den akzeptierten und abgelehnten Anteilen des Selbst, die Grenze zwischen »gut« oder »schlecht«, »richtig« oder »falsch«. Wir nehmen »gute«, akzeptierte Teile an und verdrängen »schlechte«, ungeliebte Anteile. Jetzt leugnen wir vor uns selbst und anderen, diese Seiten zu haben. Wir *entscheiden* und spalten uns. Spaltung jeder Art bedarf der Identifikation.

Als Kind konnten wir Identifikation nicht vermeiden. Allenfalls konnten wir uns *gegen* etwas identifizieren. Wenn beispielsweise ein Vater gewalttätig war, konnten die Kinder Aggression ablehnen und sich mit »Freundlichkeit« identifizieren. Aber auch das beinhaltet eine innere Trennung, in diesem Fall von der Fähigkeit, aggressiv sein zu können. Auch eine Gegenidentifikation ist eine Identifikation und damit eine Festlegung. Indem wir als Kind die Identifikation unserer Umgebung übernahmen oder uns gerade mit dem Gegenteil identifizierten, übernahmen wir damit auch die entsprechenden Verdrängungen.

Doch verdrängte Eigenschaften verschwinden nicht einfach. Aus der Physik wissen wir, daß Materie oder Energie nicht verschwinden können – sie verändern lediglich ihre Erscheinungsform. Aus Licht wird Wärme, aus festen Stoffen werden gasförmige, aus Bewegung wird Strom. So verhält es sich auch mit den verdrängten Teilen des Selbst. Wir können sie nicht loswerden. Sie lassen sich zwar aus dem Bewußtsein drängen, sammeln sich aber jenseits bewußter Wahrnehmung als »das Unbewußte«.

In diesem Sinn ist das Unbewußte eine wahre Schatzkammer unentwickelter Fähigkeiten und vernachlässigter menschlicher Qualitäten.

Allerdings ist die Aufnahmefähigkeit des Unbewußten begrenzt. Je konsequenter wir verdrängen, desto größer wird der innere Gegendruck dieser Kräfte, der dem Unbewußten eine eigene Dynamik verleiht. Es versucht, verdrängten Kräften zum Durchbruch zu verhelfen. Sie drängen an die Grenze des Bewußtseins, wo sie erkannt und zurückgewiesen werden, damit wir nicht in Konflikt mit uns selbst oder unserer Umwelt geraten. Angst entsteht, die uns bei der Verdrängung unterstützt – die Grenze bleibt zumeist dicht. Um trotzdem durchzukommen, überlisten verdrängte Teile nun das Bewußtsein, indem sie ihre Form verändern oder einen anderen Ort ihres Erscheinens suchen.

Man könnte sagen, die abgewiesenen Teile verhalten sich ähnlich wie wir, wenn wir eine Landesgrenze nicht offiziell übertreten können: Sie verkleiden sich und versuchen, unbemerkt von den Grenzwächtern (dem Bewußtsein) durchzuschlüpfen, oder suchen einen unbewachten Weg über die Grenze.

Wenn wir eine bestimmte Kraft, beispielsweise ein Gefühl, verdrängen, kann diese Kraft sich in Körperempfindungen oder Traumbilder, Gedanken oder innere Stimmen verwandeln, oder sie kann projiziert auf andere Menschen oder die Welt auftauchen.

Ein junger Klient fing an, Gegenstände als »Geister« zu sehen, die ihn verfolgten. Diese Bilder erwiesen sich als Erscheinungsformen der Wut auf seinen Vater, die er sich nicht eingestehen wollte, die ihn aber nicht in Ruhe ließ. Eine Frau hörte über mehrere Tage hinweg ein revolutionäres Lied. Als wir der Melodie und dem Text nachgingen, entdeckte sie ihre Lust, sich gegen eingefahrene Verhaltensweisen in der Partnerschaft aufzulehnen und diese zu verändern. Diese Absicht war ihr davor verborgen gewesen.

Verdrängte Kräfte wechseln oftmals von einer Ebene unserer Wahrnehmung auf eine andere, wo sie dann als zunächst rätselhaftes Symptom auftauchen. Rätselhafte, unerklärliche und beängstigende Symptome empfinden wir als *Störung* oder *Problem*. Wenn wir solch störende Vorgänge erforschen und verstehen, sind wir meist in der Lage, Probleme aufzulösen.

Wahrnehmungsebenen

Wir unterscheiden grundsätzlich sechs verschiedene Ebenen menschlicher Wahrnehmung, auf denen Störungen auftauchen können. Dies sind zum einen die Wahrnehmung des Innern in Form von *Körperwahrnehmung, Gefühlswahrnehmung* und *Verstandeswahrnehmung*; zum anderen die Wahrnehmung des Außen in Form anderer *Menschen* und der *Welt*. Dazu kommt der Teil unserer Wahrnehmung, von dem aus wir Innen und Außen, Körper, Gefühl, Verstand, die Menschen und die Welt erkennen können: unsere *Bewußtheit*.

Diese Aufteilung haben wir in Anlehnung an die Wahrnehmungskanäle, wie sie im Neurolinguistischen Programmieren und der Prozeßorientierten Psychologie beschrieben werden, getroffen. Dennoch unterscheidet sie sich in einigen Begriffen und Inhalten von diesen Methoden. Kriterium für uns ist weniger exakte Wissenschaftlichkeit, als vielmehr die Brauchbarkeit der Begriffe im Zusammenhang mit unserem Ziel, der eigene Therapeut zu sein.

Widmen wir uns nun den sechs Wahrnehmungsebenen. Wir wollen beschreiben, wie abgelehnte Kräfte und

Wahrnehmungen sich verwandeln oder auf einer anderen Ebene auftauchen und stören.

Körperwahrnehmung

In den Bereich der Körperwahrnehmung gehören Erscheinungen wie Schmerzen, Verspannungen, körperliches Wohlgefühl, Kälte-/Hitzeempfindungen, Gesten, Bewegungen usw. Typische Störungen auf der Körperebene sind beispielsweise Krankheiten, körperliche Verletzungen, Schwindel, Übelkeit und andere.

Der Körper eignet sich hervorragend als Auftauchebene lange und intensiv verdrängter Kräfte. Durch die Identifikation mit Vernunft und Verstand, die in unserer Gesellschaft vorherrscht, verdrängen wir besonders emotionale Bedürfnisse. Wenn wir beispielsweise versuchen, massiven Erwartungen anderer Menschen gerecht zu werden, kann sich der geistige und emotionale Druck, mit dem wir uns unbewußt gegen diese Ansprüche wehren, in starken Kopfschmerzen bemerkbar machen. Wir können diese störenden Schmerzen zwar nicht direkt als Ausdruck unseres Widerstandes erkennen, aber sie helfen uns trotzdem gegen die unerwünschte Anforderung, indem sie uns zwingen, die Aufmerksamkeit von außen wegzunehmen und nur noch uns selbst und unsere eigenen Bedürfnisse zu fühlen, und darin läge der Sinn dieser Störung.

Psychosomatische Erkrankungen sind geradezu klassische Beispiele für die Fähigkeit des Selbst, auf Ebenen der Wahrnehmung auszuweichen, die unserer Kontrolle entzogen sind. Wir stellen eine Vielzahl psychosomatischer Krankheiten unbewußt her, indem wir emotionale Bedürfnisse ignorieren, die sich dann körperlich durchsetzen. Das wird deutlich, wenn wir uns vorstellen, wie wir beispielsweise ein Magengeschwür bewußt hervorrufen könnten. Wir müßten uns in eine Lebens- oder Arbeitssituation begeben, durch die wir über Jahre hinweg enttäuscht und verärgert werden, diesen Ärger verdrängen und uns zwingen, trotz des Widerwillens durchzuhalten. Wir müßten die Zähne zusammenbeißen und unser Bedürfnis nach einer harmonischen und offenen Atmosphäre ignorieren. Nach einigen Jahren würden wir innerlich so »sauer« sein, daß der unterdrückte Ärger in Form aggressiver Magensäure an den Magenwänden nagt, bis dort eine bleibende Verletzung entsteht – das Magengeschwür. Dann erst würden wir unsere harte Haltung gegenüber den eigenen Bedürfnissen nicht länger durchhalten können. Wir würden Haferflocken und Milchbrei essen, jammern und im Bett bleiben. Wir würden genau diejenigen Bedürfnisse erfüllen und die Rücksicht auf uns nehmen müssen, die wir uns zuvor verweigert haben.

Nicht nur an psychosomatischen Erkrankungen, auch an Verletzungen oder Unfällen sind oft verdrängte Kräfte beteiligt. Einer unserer Bekannten war meist hektisch und unruhig. Er stand unter starker innerer Anspannung und konnte demzufolge nur schwer loslassen. Sein Bedürfnis nach Entspannung wuchs, und er ließ unbewußt los, als er unachtsam mit einem Werkzeug umging, weil er in Gedanken im Land der Träume war – was zur Folge hatte, daß er sich einen kleinen, aber komplizierten Knochenbruch zuzog. Die Schmerzen der Verletzung und die Bewegungseinschränkung durch den Gipsverband empfand er natürlich als störend, und doch verhalfen ihm gerade Schmerzen und Gips zu der so nötig gebrauchten Ruhe. Darin lag der »Sinn« der Störung.

Natürlich führt niemand bewußt Krankheiten oder Verletzungen herbei. Aber wir tun es unbewußt. Wer sich nicht genügend um seine körperlichen, emotionalen und geistigen Bedürfnisse kümmert, läuft Gefahr, Störungen zu schaffen oder krank zu werden. Was sollen unsere verdrängten Seiten anderes tun, als zu stören, um den trennenden Akt der Verdrängung aufzuheben? Störungen auf der Körperebene sind Phänomene, deren Auftauchen nie allein körperlich, sondern nur im Zusammenhang mit den Gefühlen und der ganzen Lebenshaltung eines Menschen verstanden werden können. Diese Probleme vermitteln uns wichtige Lektionen, die wir anders nicht lernen.

Gefühlswahrnehmung

Zum Gefühlsbereich gehören Emotionen wie Freude, Liebe, Angst, Traurigkeit, Wut, Hoffnung, Sehnsucht und andere. Typische Störungen der Gefühlsebene sind beispielsweise emotionale Affekte und Ausbrüche, lang anhaltende Sehnsüchte oder anhaltendes emotionales Leid.

Ein Mann versank im Laufe der Jahre in eine Art von Melancholie, die ihn von den Pflichten seines täglichen Lebens abhielt. Hinter diesem Symptom verbargen sich Träume und Sehnsüchte, die er lange Zeit ignoriert hatte.

Ein als ruhig und besonnen geltender Ehemann fuhr eines Tages »aus seiner Haut« und zerstörte etliche Möbel des Wohnzimmers. Hinter diesem emotionalen Ausbruch standen lange zurückgehaltene Gefühle des Eingesperrtseins und sein Bedürfnis nach Platz und Beweglichkeit in seinem Leben.

Eine Frau empfand ihr Leben als langweilig und »kaum zum Aushalten«. Sie hatte viel zu lange ausgehalten, und jetzt meldeten sich die Kräfte der Ungeduld und forderten sie zum Handeln auf.

Identifikationen aller Art, mit Verstand und Vernunft, mit moralischen Vorstellungen und politischen Ideen, führen automatisch zum Ausschluß und zur Verdrängung der Seiten des Selbst, die nicht in diese Rahmen passen. Wer glaubt, altruistisch zu sein, wird sich von seiner egoistischen Seite gestört fühlen und diese verdrängen. Diese mag sich in heimlichen Verstößen gegen die verinnerlichte Moral durchsetzen. Wer glaubt, nur sanft und liebevoll zu sein, wird seine aggressiven Impulse verstecken. Er muß sich nicht wundern, wenn diese Seiten eines Tages plötzlich »über ihn herfallen«, ihm »die Hand ausrutscht« oder er »außer Kontrolle gerät«. Wer sich darauf festlegt, immer stark zu sein, wird seine Schwäche leugnen. Er mag eines Tages vom inneren Kind überwältigt werden und in eine massive Regression geraten.

Oberflächlich betrachtet, sind plötzliche oder ungewöhnliche Gefühlszustände lästig oder störend. Doch wenn wir sie durchleben, können sie uns neue Erkenntnisse, menschliche Beziehungen oder eine bessere Körperwahrnehmung bescheren, und das wäre dann der Sinn dieser Störungen.

Verstandeswahrnehmung

Zum Verstandesbereich gehören Gedanken sowie innere Bilder und Stimmen. Wenn ungewöhnliche und beängstigende Gedanken, Bilder oder Stimmen auftauchen, sprechen wir von einer Störung dieser Ebene.

Ein Klient durchlebte einen längeren Beziehungskonflikt mit seiner Frau. In den Auseinandersetzungen bemühte er sich, verständnisvoll und ruhig zu bleiben. Eines Abends nickte er auf dem Sofa ein. Gerade als er in die Welt des Schlafes glitt, hörte er den Knall einer heftigen Explosion. Der Mann erschrak und war mit einem Schlag hellwach. Als wir mit diesem Phänomen arbeiteten, erkannte er die Explosion als Symbol seiner Wut, die er vor seiner Frau und sich geleugnet hatte. In diesem Fall hatte sich ein Gefühl in ein Geräusch verwandelt.

Manche Menschen führen innere Dialoge und Selbstgespräche, in denen sich unbewußte Teile Gehör verschaffen. Andere sehen Bilder oder Erscheinungen, durch die unbewußte Teile Gestalt annehmen.

Eine Klientin öffnete den Kleiderschrank und erschrak, ihren seit einigen Jahren toten Vater darin stehen zu sehen. Das Bild seiner Erscheinung war so klar, daß es ihr fast wirklich erschien. Der Vater war nicht zufällig dort. Er hatte ihr etwas mitzuteilen. Als sie den Dialog mit ihm aufnahm, entdeckte sie Gefühle der Liebe für diesen Mann und der Trauer über seinen Tod, über die sie sich nicht klar gewesen war. Sie hatte nicht wirklich Abschied von ihm genommen und konnte dies nun nachholen. In diesem Fall hatten sich Gefühle in Bilder verwandelt.

Bewußte Wahrnehmung

Bewußtheit ist der Teil, von dem aus wir erkennen können. Bewußtheit schafft Distanz – zum Körper, zu Gefühlen und Gedanken, zu Menschen und zur Welt. Diese Bewußtheit ist es, die in Therapie und Selbsterfahrung gefördert wird, denn sie ermöglicht die Integration abgespaltener Teile. Aus Distanz heraus können wir Verdrängungen erkennen und schließlich aufheben.

Störungen der Bewußtheit zeigen sich beispielsweise, wenn der Abstand zu Handlungen verlorengeht und wir nicht mehr wissen, was wir tun. Oder wenn wir uns »im Nebel« befinden, ohnmächtig oder »verrückt« werden.

Wir erinnern uns an einen Klienten, der in eine offene psychiatrische Abteilung eingewiesen wurde. Begeistert wedelte er mit seinem Klinikausweis und erzählte, was er jetzt alles anstellen könne, ohne daß »man mich in die Klapse stecken kann – ich bin ja schon drin«. Er fing an, nachts auf Dächern zu balancieren und in der Straßenbahn laut zu singen. Das Beispiel dieses Mannes, der sich noch nicht völlig von seiner Bewußtheit getrennt hatte, zeigt, wozu es gut sein kann, verrückt zu werden: um Dinge zu tun, die man sich aus dem Gefängnis der Identifikation heraus nicht traut. Dann brechen Triebe, Impulse und Gefühle durch.

Bleibt die Integration wichtiger Teile des Selbst für lange Zeit aus, weil wir Signale des Unbewußten ignorieren, besteht die Gefahr, daß Bewußtsein und Unbewußtes radikal die Plätze tauschen.[2] Wir werden für kurze oder lange Zeit ver*rückt*, so lange zumindest, bis wir die Dinge wieder gerade*rücken* können.

Bewußtheit ist eine wichtige verändernde Kraft. Aber nicht immer sind wir in der Lage, Vorgänge bewußt zu verarbeiten. Es kann mitunter lebenswichtig sein, einen inneren Vorgang zu verdrängen, wenn seine Bewußtwerdung uns überfordern oder gar zerstören würde.

Einer unserer Bekannten verlor vor einigen Jahren seine Frau. Über mehrere Jahre gelang es ihm nicht, die Erinnerung an sie loszulassen und den Schmerz der Trennung anzunehmen. Nach einem Herzinfarkt fiel er in ein langes Koma. Am Tag nach seinem Aufwachen besuchten wir ihn am Krankenbett. Sein erster Satz lautete: »Jetzt habe ich meine Frau losgelassen.« Mit diesen Worten fing er zu weinen an. Das war das erste Mal, daß er über den Verlust seiner Frau weinen konnte. Nach einigen Wochen verließ er das Krankenhaus mit dem Vorsatz, »ein neues Leben anzufangen«. Dieser Mann konnte mit dem enormen emotionalen Schmerz der Trennung nicht umgehen. Deshalb hat er ihn so weit aus dem Bewußtsein verdrängt, daß er nur unbewußt, im Zustand des Komas, mit seiner Verarbeitung beginnen konnte.

Natürlich ist ein Koma eine extreme Bewußtheitsstörung. Eine weniger intensive Form ist ein Zustand, in dem sich Menschen im »Nebel« oder in »Watte« befinden. In diesem Nebel hat sich oft ein traumatisches emotionales Ereignis verborgen, dem sich der Mensch nur langsam nähern kann, oder aber ein besonders angstauslösendes Bedürfnis, von dem er unbewußt glaubt, es sei besonders »schlimm«, es zu haben.

Nicht nur Individuen, auch Gruppen oder die Gesellschaften können ungeliebte Teile aus dem Bewußtsein verbannen. Was wir nicht wahrhaben wollen, müssen wir aus unserer unmittelbaren Nähe entfernen. In dieser Gesellschaft sind das vor allem Schwäche, Krankheit, Vergänglichkeit und Tod. Mit der Verdrängung der Verrückten in Anstalten haben wir unsere eigene Verrücktheit verleugnet, Vergänglichkeit haben wir in Altersheime und den Tod in Krankenhäuser abgeschoben. Schwache werden in der Gesellschaft der Starken ausgeschlossen, bis sie durch Obdachlosigkeit oder kriminelle Handlungen als Störung im Bewußtsein der Gesellschaft wieder auftauchen.

Wahrnehmung von Beziehungen

Zur Beziehungsebene gehört unsere Wahrnehmung der Menschen, zu denen wir in persönlicher Beziehung stehen. Grundsätzlich eignen sich Beziehungen hervorragend als Projektionsflächen für Gedanken und Gefühle, die wir an uns selbst nicht wahrhaben wollen oder können. Störungen auf der Beziehungsebene machen sich vor allem in Spannungen und Konflikten mit Menschen bemerkbar.

Probleme mit Menschen entstehen unter anderem, wenn wir in der Außenwelt unseren Verdrängungen in Menschengestalt begegnen. Begegnungen dieser Art werden als bedrohlich empfunden, da die verdrängten Energien Verstärkung von außen erfahren und die Verdrängung zusammenbrechen könnte.

Haben wir uns zum Beispiel von Aggression getrennt und treffen einen Menschen, der dieses Gefühl unbefangen äußern kann, müssen wir uns von ihm distanzieren, um nicht mit der eigenen Verdrängung konfrontiert zu sein. Wir finden ihn dann »unmöglich« oder »unsympathisch« und meinen damit unsere eigenen, ungeliebten und unverstandenen Anteile. Ablehnung, Verachtung und Haß, aber auch Anziehung und Sehnsucht sind Reaktionen, die darauf hinweisen, daß verdrängte Qualitäten berührt wurden, seien es die Gefühle der Schwäche und Unvollkommenheit oder Bedürfnisse nach Zärtlichkeit und Sexualität.

Auch wenn wir uns verlieben, begegnen wir im Partner Qualitäten, die unserem bewußten Zugriff entzogen sind, nach denen wir uns aber sehnen. Der Kontakt mit dem geliebten Menschen verspricht nun Kontakt mit den fehlenden Qualitäten, weshalb wir vom Partner fasziniert sind und seine Nähe suchen. Ein unsicherer Partner könnte von einem selbstsicher wirkenden Partner fasziniert sein, oder ein ernsthafter von einem, der Leichtigkeit zeigt.

Auch durch die geschlechtsspezifische Rollenerziehung zu Mann und Frau wurden wir von bestimmten Qualitäten getrennt, die eigentlich nicht an das Geschlecht gebunden sind. Männer und Frauen verhalten sich noch immer überwiegend entsprechend ihren Rollen und nicht ihres Wesens, und dieses einseitige Verhalten zwingt sie zum Verzicht auf die »andere Hälfte«. Im Außen, in der

Beziehung zu einem Partner, versuchen wir, die innere Lücke zu schließen und Verbindung zu den verdrängten Qualitäten der Weiblichkeit und Männlichkeit herzustellen. Der Partner repräsentiert also den eigenen Schatten, die Probleme mit ihm sind demnach Probleme mit der Integration des eigenen Schattens.[3] Ist der Schatten einmal integriert, verschwinden auch die Probleme mit dem Partner.

Wahrnehmung der Welt

Zur Ebene der Welt gehören unsere Wahrnehmung wirtschaftlicher oder politischer Rollen und Gruppen, gesellschaftlicher Systeme sowie die Wahrnehmung des Lebens und der Natur. Störungen auf dieser Ebene äußern sich beispielsweise in gesellschaftlichen Spannungen, Rebellionen, Kriegen sowie Zuständen von Sinnlosigkeit und Entfremdung.

Uns fällt das Beispiel einer Klientin ein, bei der Fernsehbilder hungernder Kinder heftige Weinkrämpfe auslösten. Diese Bilder berührten einen hungernden Teil in ihr selbst – ihre verdrängten emotionalen Bedürfnisse, ihre Sehnsucht nach Schutz, Liebe und Geborgenheit. Hier tauchte ein individuelles emotionales Bedürfnis auf der Ebene der Welt auf. Wir sind mit der Welt verbunden, und was in der Welt geschieht, geschieht auch in uns.

Unterstützt durch die Identifikation mit Materie und materiellen Dingen verstärkte sich die Trennung des »aufgeklärten« Menschen von der Natur und damit eine Trennung von der Welt, die bei »primitiven« Völkern so nicht existiert. Wir beuten den Planeten aus, beschädigen oder zerstören unseren Lebensraum und leiden durch Allergie und Vergiftung, Lärm und Schmutz an den Folgen dieser

Trennung. Die Probleme der Umweltverseuchung und die damit einhergehenden Leiden zwingen uns, die ökologischen *Zusammen*hänge von Mensch und Natur zu erforschen und unsere Abhängigkeit von der Welt und unser Eingebettetsein in das Ganze der Existenz zu entdekken.

Trennung von der Welt offenbart sich auch in Fragen nach dem Sinn des Lebens und in der Suche nach religiöser Verbundenheit. Warum suchen wir? Weil wir uns von der Welt getrennt fühlen. Religion befaßt sich mit dieser Trennung, die aus der Identifikation mit dem »Ich«, dem Ego, entsteht. Indem wir »Ich« sagen, trennen wir uns vom »Du« und zugleich von der Welt. Wir können nicht anders – unser Verstand funktioniert dual. Er braucht Gegensätze, auch wenn sie zu Spaltungen führen.

Diese Trennung und der aus ihr resultierende Verlust von Verbundenheit scheinen der Preis menschlicher Erkenntnis zu sein. Nach der christlichen Mythologie wurden Adam und Eva aus dem Paradies vertrieben, nachdem sie vom Baum der Erkenntnis gegessen hatten. Sie verloren die ursprüngliche Verbundenheit (re-ligio) und wurden in die Welt der Getrenntheit verstoßen. Die Religionen der Welt beschreiben Verbundenheit und Einheit als das Paradies, Nirwana oder den Himmel. Spaltung und Probleme – das sind die Leiden der Hölle.

Tatsächlich sucht alles religiöse und spirituelle Streben die Auflösung der Trennung des Menschen vom Sein. Darin stimmt sie mit Selbsterfahrung und Therapie überein – denn das Ziel jeder Lösung oder Heilung heißt Ganzheit und Verbundenheit.

Selbstheilung – wozu Probleme gut sind

Die oben beschriebenen Störungen bestimmter Wahrnehmungsebenen sind Ausdruck der Reibung menschlicher Kräfte, die um ihren Platz innerhalb unseres Bewußtseins ringen. Solange wir uns mit ihnen nicht befassen, erscheinen sie als bloße Störungen, die wir loswerden wollen. Erkennen wir jedoch ihre wahre Absicht, die darin besteht, an unserem Leben teilzuhaben und es zu bereichern, werden Konflikte und Probleme zu Chancen der Vervollständigung des Selbst.

Aus den in diesem Kapitel beschriebenen Vorgängen wird deutlich, daß verdrängte Anteile von sich aus einen Weg in unser Bewußtsein suchen. Diese Dynamik bezeichnen wir als Selbstregulation.

Die Sprache weiß von diesem quasi automatischen Mechanismus menschlicher Selbstheilung, denn der Begriff »Selbst« bedeutet »das Unteilbare«. Tatsächlich läßt sich das Selbst nicht wirklich, nicht wirksam teilen. Zwar haben wir – wenn auch nur in unserer Wahrnehmung – das Kunststück vollbracht, uns zu teilen, doch das Selbst hat, wie beschrieben, seine eigenen Methoden, die verlorengegangene Ganzheit wiederherzustellen.

Arnold Mindell[4] beschreibt diese Vorgänge anhand der sehr brauchbaren Begriffe Primärprozeß und Sekundärprozeß. Zum Primärprozeß eines Menschen gehören demnach dem Bewußtsein nahestehende, durch Willen und Absicht gekennzeichnete Vorgänge; zum Sekundärprozeß die vom Unbewußten gesteuerten, zufällig erscheinenden Abläufe.

Primär sagt ein Mensch vielleicht »Ich will reich werden und viel arbeiten«, aber sein Sekundärprozeß geht in eine andere Richtung und sagt »Entspannung ist momentan wichtiger«. Dieser Konflikt könnte sich in einer Erkältung, Entzündung oder in anderen Symptomen äußern, die es dem primären Bereich verwehren zu arbeiten und es dem sekundären Bereich ermöglichen zu entspannen. In der Krankheit setzt sich also der sekundäre Prozeß »loslassen« oder, in der Terminologie der Methodischen Transformation, die »Lust« des Menschen nach Entspannung durch.

Auf diese Weise funktioniert Selbstregulation. Das Unbewußte spielt nicht mit und legt uns Steine und Hindernisse in den Weg, über die wir stolpern oder an denen wir hängenbleiben. Dann müssen wir uns – gezwungenermaßen – damit befassen. Wer um diese Dynamik weiß und die Botschaften seiner sekundären Welt registrieren und verstehen lernt, wird den verdrängten Teilen freiwillig Platz in seinem Leben einräumen und sich unnötiges Leid ersparen. Wenn wir dazu nicht in der Lage sind, ist ein Problem manchmal das Beste, was uns passieren kann.

Wir möchten das durch ein Beispiel illustrieren. Eine 55jährige Bibliothekarin hatte das Problem, wichtige Dinge zu vergessen, vor allem solche, die ihre Arbeit betrafen. »Ich kann nicht konzentriert denken, suche Bücher, die ich gerade noch in der Hand hatte, vergesse, welche Information sich in welcher Ablage befindet.« Das Ausmaß ihrer Vergeßlichkeit wuchs und wurde berufsgefährdend; Ärzte konnten keinerlei körperliche Einflüsse feststellen.

Im Laufe ihrer Selbsterfahrung wurde klar, worin das Problem dieser Frau bestand. Mehr als dreißig Jahre ihres Lebens hatte sie diszipliniert und konzentriert gearbeitet und andere Lebensbereiche, etwa menschliche Beziehungen und Freizeit, stark vernachlässigt. Ihr Leben verlief in vernünftigen und ordentlichen Bahnen – bis ihr Problem auftauchte und alles durcheinanderbrachte, denn nun war es ihr unmöglich, weiterhin »vernünftig« und »fleißig« zu sein. Im Gegenteil blieb ihr nichts anderes übrig, als sich – anstatt ausschließlich mit Büchern und Arbeit – mit sich selbst zu befassen.

Das tat ihr gut, denn indem sie lernte, sich für die sogenannten unvernünftigen Dinge des Lebens, für Emotionen, Liebe und Kreativität zu öffnen, kehrte auch ihre Konzentrations- und Arbeitsfähigkeit zurück. In diesem Prozeß verbesserte sich die Lebensqualität der Frau derart, daß sie heute davon spricht, Gott-sei-dank ein Problem gehabt zu haben.

Betrachten wir das Leben der Bibliothekarin, wird deutlich, daß sie über Jahrzehnte einseitig lebte. Sie war fleißig und ernsthaft, fast kann man sagen verbissen. Die verspielten, leidenschaftlichen oder vergnüglichen Seiten des Lebens waren ihr verschlossen, denn sie hatte sich schon früh im Leben von ihnen getrennt. Was immer die Gründe dieser Trennung waren, innerlich war diese Frau gespalten.

Aufgaben lösen

Wer ein Problem hat, soll eine Aufgabe lösen. Die Aufgabe der Bibliothekarin bestand darin, sich mit den verdrängten Teilen »Freude« und »Gefühl« zu verbinden, wodurch die innere Spaltung beendet und die Frau in ihrem Erleben *ganz* wurde.

Grundsätzlich bedeutet die Lösung eines jeden Problems, sich mit abgespaltenen Teilen des Selbst zu verbinden.

Doch nicht in jedem Fall ist eine Spaltung oder Verdrängung an unseren Problemen beteiligt. Manchmal werden wir durch Ereignisse wie Unfälle oder Krankheiten gezwungen, bestimmte Fähigkeiten mehr als normalerweise notwendig zu entwickeln. Beispielsweise sind Menschen, die erblinden, gezwungen, andere Fähigkeiten als die des Sehens zu entwickeln. Aber auch in solchen Fällen bedeutet die Lösung des Problems, herauszufinden, womit uns eine Situation in Verbindung bringt, und die dann erforderlich werdende Fähigkeit zu entwickeln.

Die Lösung von Aufgaben scheint also auf zweierlei Weise möglich zu sein: freiwillig oder unfreiwillig, durch bewußte Absicht oder durch unbewußt gesteuerte Prozesse. Die Bibliothekarin hätte ihr Problem nicht auf dem Weg der Selbsterfahrung lösen müssen. Es wäre auch auf dem Weg einer Krankheit oder des gänzlichen Ausfalls ihrer Merkfähigkeit möglich gewesen, loszulassen. Wahrscheinlich wäre dieser Weg schmerzvoller gewesen. Doch auch Schmerz und Leid können uns zu Veränderungen motivieren. Nicht wenige Menschen lernen erst durch einen Herzinfarkt, sich Zeit für die kleinen Dinge des Lebens zu nehmen, anstatt hinter den sogenannten großen Dingen wie Ruhm oder Geld herzujagen. Ein Klient kommentierte sein Leben nach einer schweren Krankheit, die ihn körperlich stark einschränkte und an den Rand des Todes führte, folgendermaßen: »Jetzt erkenne ich erst den Wert und die Schönheit des Augenblicks.«

Probleme und Krankheiten bringen nicht nur Nachteile mit sich, sondern bringen uns auch mit Seiten von uns und Aspekten des Lebens in Kontakt, zu denen wir sonst keinen Zugang hätten. Wir brauchen es jedoch nicht unbedingt zu Krankheit oder Leid kommen zu lassen. Selbsterfahrung versucht, die Integration abgetrennter Teile nicht durch Leid und Schmerz, sondern durch Erfahren, Erleben und Bewußtwerden zu unterstützen.

In der Definition des Selbst als des Unteilbaren ist die Vorstellung enthalten, daß wir alle Fähigkeiten in uns tragen, die wir für ein erfülltes Leben brauchen. Wenn das so ist, können wir auch alles in uns finden, was wir zur Lösung von Problemen brauchen. Mehr noch, dann enthält das Problem, wie zuvor beschrieben, selbst schon Hinweise zu seiner Lösung durch die Art und Weise, in der es auftaucht.

Neue Fähigkeiten

Die »zu lösende Aufgabe« eines Problems läßt sich als Notwendigkeit zur Erweiterung individueller Fähigkeiten beschreiben. Nebenbei bemerkt, ist das auch der Grund, weshalb kein anderer Mensch unsere Probleme lösen kann. Es würde nicht helfen, denn *er* und nicht wir hätten Fähigkeiten erweitert.

Am Beispiel der Bibliothekarin läßt sich diese Erweiterung veranschaulichen. Um ihr Problem zu lösen, brauchten wir nicht »am Problem« oder »mit dem Problem« zu arbeiten. Das hätte bedeutet, ihre sogenannte Unfähigkeit zur Konzentration zu thematisieren und zum Beispiel durch Konzentrationsübungen scheinbar erwünschte Verhaltensänderungen herbeizuführen. Diese Frau war aber nicht unfähig, sich zu konzentrieren. Sie konnte sich lediglich nicht *noch mehr* oder *immer nur* konzentrieren. Als sie lernte, Freude und Emotionen in ihr Leben aufzunehmen, verschwand ihr Problem nach und nach.

Bereits in der sprachlichen Formulierung von Problemen zeigt sich diese Notwendigkeit des Dazulernens. Ein Mann sagt zum Beispiel: »Meine Frau hat mich verlassen, und ich weiß nicht, wie ich damit umgehen soll« oder: »Ich kann damit nicht umgehen.« Was er eigentlich sagt, ist: »Ich weiß nicht, wie ich mit den auftauchenden Gefühlen und Schmerzen der Einsamkeit umgehen kann.« Weil er nicht *damit umgehen* kann, versucht dieser Mann, *dagegen anzugehen.* Weil er nicht trauern und Schmerz ausdrücken kann, verdrängt er seine Traurigkeit. Die verdrängte Traurigkeit ist aber nicht verschwunden. Sie taucht als »ein hohles Gefühl in der Brust« und »Stiche im Herz« wieder auf. Auch dieser Mann wird die Lösung seines Problems durch Integration verdrängter Gefühle finden und möglicherweise feststellen, daß das Fehlen dieser Gefühle in der Partnerschaft zum Entschluß seiner Frau führte, ihn zu verlassen.

Wenn wir Teilungen des Selbst aufheben und demzufolge ein größeres Spektrum menschlicher Fähigkeiten zur Verfügung haben, können wir besser mit den Wechselfällen des Lebens mitgehen und brauchen nicht dagegen anzugehen. So lassen wir weniger Probleme entstehen. Ein Mensch beispielsweise, der trauern kann, wird durch den Verlust eines geliebten Menschen nicht zugleich sein Vertrauen in das Leben verlieren. Ein Mensch jedoch, der keinen Zugang zu seiner Trauer fndet, wird sich vom Leben distanzieren und verbittern.

Ob wir Probleme auflösen können, ist eine Frage individueller Fähigkeiten und Möglichkeiten. Sicherlich werden wir nicht völlig verhindern können, Probleme zu schaffen. Aber wer in der Lage ist, die im Laufe seines Lebens entstehenden Spaltungen zu erkennen und aufzuheben, hält einen Schlüssel zur Selbstheilung in der Hand.

Transformation – Umwandlung der inneren Atmosphäre

Hat sich ein verdrängter Teil des Selbst aus der Schatzkammer des Unbewußten befreit und mit oder ohne unsere Hilfe Zugang zum Bewußtsein gefunden, verbindet er sich mit dort bereits vorhandenen Fähigkeiten zu *etwas Neuem.*

Beispielsweise verbindet sich Aggression, bisher verdrängt, mit Freundlichkeit, bisher vorhanden, zur Fähigkeit, direkt und klar die eigene Meinung zu äußern, also zu Klarheit. Das ist etwas Neues, das weder Aggression noch Freundlichkeit allein leisten können. Reine Aggression würde den anderen verletzen, reine Freundlichkeit würde den anderen schonen. Aus dem eindimensionalen »Ich MUSS freundlich sein« und »Ich DARF NICHT aggressiv sein« ist ein dreidimensionales »Ich kann klar sein, ich kann freundlich sein, ich kann, wenn nötig, aggressiv sein« geworden, es ist zu einer echten Erweiterung individueller Fähigkeiten gekommen.

In der Entstehung solcher neuen Fähigkeiten besteht der Vorgang der Transformation. In diesem Sinne ist Veränderung nicht der Versuch, anders zu werden, als wir sind, sondern das zu werden, was wir wirklich sind.

Transformation, Ergebnis des Verschmelzens bewußter und unbewußter Kräfte, Ergebnis einer inneren Synthese, kann unser Leben grundlegend verändern, denn sie verändert unsere Wahrnehmung, unsere innere Atmosphäre und damit die Perspektive, aus der wir die Menschen und die Welt erleben.

Wenn wir in der Atmosphäre der Unterlegenheit leben, werden wir uns schwach fühlen, und andere Menschen werden uns überlegen vorkommen. Aus der innerlichen Maus-Perspektive der Unterlegenheit erscheinen die anderen wie Löwen. Wenn wir jedoch die Fähigkeit zur Klarheit entwickelt und die innere Atmosphäre der Gleichwertigkeit kreiert haben, stehen wir als Löwe anderen Löwen gegenüber. Aus dieser Perspektive sind andere Menschen ebenbürtig, und das Leben wird eine Herausforderung, die wir annehmen können.

Zusammenfassung

Wir tendieren dazu, Wahrnehmung mit Wahrheit zu verwechseln. Wahrnehmung und Wirklichkeit sind jedoch lediglich eine Frage von Standpunkt und Perspektive.

Es ist die Relation der Innenwelt zur Außenwelt, die unsere Wahrnehmung der Wirklichkeit prägt.

Sie entscheidet darüber, ob wir uns als Meister oder Sklave, als ein sein Leben gestaltender Mensch oder als ein Opfer erfahren. Sind wir innen klein, erscheint außen alles übermächtig. Die gleiche Welt, die gleichen Menschen, die gleichen Ereignisse bekommen eine ganz andere Bedeutung, wenn wir sie statt aus einer Atmosphäre der Enge und Minderwertigkeit aus einer Atmosphäre der Freude und Selbstbewußtheit erleben. Sicher können wir nicht von heute auf morgen die Außenwelt verändern. Aber es liegt in unseren Händen, die Innenwelt und damit unsere gesamte Wahrnehmung und Lebenserfahrung zu verändern.

Darin, in der Transformation unserer Wahrnehmung von einer Basis der Angst zu einer Basis der Freude und des Vertrauens, liegt das Ziel der Methodischen Transformation. Nach vielen Jahren intensiver Beschäftigung mit der menschlichen Psyche sind wir zu der Auffassung gelangt, daß tatsächlich der Anteil, den Freude und Angst in unserem Leben einnehmen, über die Qualität unseres Lebens entscheidet. Wir können diesen Anteil zugunsten der Freude erweitern.

4. Methoden der Veränderung

In diesem Kapitel

- gehen wir auf Möglichkeiten und Grenzen von Therapie und Selbsterfahrung ein,
- zeigen wir, wie Methodische Transformation Veränderungen unterstützen kann,
- vermitteln wir unsere Sichtweise der Begleitung von Menschen.

Thesen:

- **Methodenvielfalt ist eine wichtige Voraussetzung für die Begleitung von Menschen, denn wir sollten mit dem arbeiten, was für den einzelnen Menschen funktioniert, ohne dabei an ein bestimmtes System oder eine festgelegte Arbeitsweise gebunden zu sein.**
- **Einen Menschen zu begleiten erfordert die Bereitschaft, nicht zu wissen.**

Alte Rituale

Therapie und Selbsterfahrung sind keine Erfindung unserer Zeit, sondern uralte Methoden der Veränderung. Die Rituale unserer Vorfahren, die wir noch heute in primitiven Gesellschaften beobachten können, waren Formen individueller und sozialer Selbsterfahrung und Heilung. Diese Rituale, von der Initiation über Kampfrituale bis zu Trauerritualen oder Drogenritualen, gaben seelische und spirituelle Hilfestellung bei der Bewältigung von Wandel, wie er zum Beispiel durch Geburt, Sexualität, Krieg und Tod hervorgerufen wurde.

Heute, nachdem wir diese Riten verloren haben, suchen wir Unterstützung zur Bewältigung individuell schwieriger Situationen bei professionellen Helfern. Selbsterfahrung und Therapie sind moderne Methoden der Veränderung, deren Akzeptanz in den letzten Jahren enorm zugenommen hat. Wir wollen uns, soweit das für unser Thema notwendig erscheint, kritisch mit ihnen befassen und neben ihren Stärken auch einige ihrer Grenzen aufzeigen.

Spezialisierung

Die meisten der verbreiteten therapeutischen Methoden sind spezialisiert, das heißt, jede befaßt sich vorwiegend mit einer der sechs Wahrnehmungsebenen.

Die Psychoanalyse erforscht die Welt der Bilder, Träume und Gedanken, nähert sich also vorwiegend von der Verstandesebene dem Unbewußten. Die Reichschen

Therapien machen einen Schritt auf die Körperebene, um von dort aus das Unbewußte zu erreichen. Verschiedene Primär- und Atemtherapien befassen sich vorwiegend mit Gefühlen. Gesprächs- und Gestalttherapie versuchen, Gefühle und Verstand zu verbinden. Familientherapie befaßt sich mit menschlichen Beziehungen, und östliche Meditationen regen uns an, bewußt zu werden – um nur einige der gebräuchlichsten Methoden aufzuführen. Jede Methode setzt also auf einer bestimmten Wahrnehmungsebene den Hebel an. Solche Spezialisierung hat Vor- und Nachteile. Einerseits ermöglicht sie die Entwicklung von detaillierten Kenntnissen auf der entsprechenden Ebene, andererseits besteht die Gefahr, aufgrund der mit der Spezialisierung einhergehenden Einseitigkeit am Bedürfnis des Klienten vorbeizugehen. Dieser Punkt verdient Erläuterung.

Ein Therapeut wird versucht sein, die Methode anzuwenden, in der er ausgebildet wurde. Wenn seine Ausbildung analytisch war, wird er versuchen, von der Bild- oder Verstandesebene aus zum Unbewußten zu gelangen. Ist er bioenergetisch ausgebildet, wird er den Weg zum Unbewußten über den Körper suchen. Die Ebene, auf der eine Methode ansetzt, muß jedoch nicht mit der Zugangsebene des Klienten übereinstimmen, mit der Ebene, auf der bei ihm die Tür zum Unbewußten offensteht.

Zugangsebenen zum Unbewußten

Wenn zum Beispiel ein Problem auf der Körperebene auftaucht, ist der Zugang zum Unbewußten von der emotionalen Ebene oder der Erkenntnisebene her möglicherweise nicht sofort zu erreichen. Die offene Tür mag in diesem Fall das Körperempfinden sein, denn die verdrängten Kräfte haben sich diejenige Ebene ausgesucht, die am wenigsten von Bewußtsein besetzt ist und in diesem Sinne eine Schwachstelle der bewußten Kontrolle darstellt. Taucht also ein Problem auf der Körperebene auf, ist dies zugleich ein Hinweis darauf, daß wir dem Körper mehr Aufmerksamkeit widmen müssen, um die unbewußte Botschaft zu verstehen; und auf der Körperebene mag der geeignete Ansatzpunkt therapeutischer Arbeit liegen. Jetzt stellt sich die Frage, ob der Therapeut in der Lage ist, auf dieser Ebene zu arbeiten. Kann er das nicht, wird er wahrscheinlich am Prozeß des Klienten vorbeigehen und möglicherweise wenig hilfreich sein.

Eine weitere Manipulationsgefahr für den Klienten ergibt sich aus der oft unbewußten Tendenz des Therapeuten, auf der Ebene zu arbeiten, auf der er sich persönlich entwickeln will. Auf einer Fortbildung für Therapeuten machten wir ein interessantes Experiment. Bevor wir mit der eigentlichen Arbeit begannen, schrieben die Teilnehmer Werbetexte für ihre Arbeit. In seinem Text betonte ein Teilnehmer die Notwendigkeit, Kontakt zu Gefühlen aufzunehmen, während ein anderer den Aspekt der Selbstbehauptung in den Vordergrund stellte. Andere legten Wert auf intensive Körperarbeit oder hielten die Erkenntnis grundlegender Lebensmuster für unumgänglich. Danach begann die eigentliche Fortbildung, bei der jeder Teilnehmer an seinen persönlichen Themen arbeitete. Diese Prozesse wurden auf Video aufgenommen. Am Ende des Kurses wurde der Werbetext vom ersten Tag verlesen und dann die Videoaufnahme des entsprechenden Teilnehmers abgespielt.

Ohne Ausnahmen lagen die persönlichen Probleme und Aufgaben der Therapeuten auf der gleichen Ebene, die sie in ihrer Werbung hervorgehoben hatten. Folgerichtig wollten sie mit ihren Klienten auf dieser Ebene arbeiten. Sie boten also an, was sie für sich selbst suchten, sei es Körpererfahrung, Erkenntnis, Kontakt zu Gefühlen oder etwas anderes.

Dieses Beispiel zeigt, daß die Berufswahl »Therapeut« und die Ausbildung in einer bestimmten Therapiemethode unbewußte Versuche der Selbstheilung darstellen. Der Therapeut arbeitet mit Klienten, und währenddessen arbeiten seine Klienten mit ihm. Das ist auch gut so, denn so treffen sich Menschen mit gleichen Interessen zum Rollenspiel Therapie. Auf dem Weg über Werbetexte und Empfehlungen finden Klienten den richtigen, passenden Therapeuten – nämlich den mit der gleichen Aufgabe oder dem gleichen Bedürfnis.

Doch nicht immer funktioniert dieser Auswahlprozeß. Gerät zum Beispiel ein Klient, dessen Zugang auf der Körperebene liegt, an einen Analytiker, kann das zu qualvollen und ermüdenden Therapiesitzungen führen. Kommt es vor, daß ein Klient genügend gesprochen hat und Prozesse körperlich erfahren will, kann ihm der Gesprächstherapeut nicht weiterhelfen, und die Sitzungen laufen sich fest, vor allem, wenn ein Therapeut den Klienten dann nicht loslassen kann und in der Behandlung behalten will.

In der Praxis begegnen wir »durchanalysierten« Klienten, die nach Jahren der Analyse alles verstanden haben und doch nicht mehr weiterkommen. Oft fehlt der Zugang zu den mit Erkenntnissen verbundenen Gefühlen, um Zusammenhänge nicht bloß zu wissen, sondern auch zu *begreifen.* Andere Klienten kommen aus intensiver und langer Körpertherapie, haben Gefühle wieder und wieder ausgedrückt, aber zu wenig verstanden. Ihnen fehlen oftmals Erkenntnisse und eine größere Distanz zu Gefühlen die sie in die Lage versetzen würde, ihr Leben zu verändern. Wir erinnern uns an einen Klienten, dessen Therapeut ihn laufend »nach innen« und auf die Suche nach Lebensgrundmustern schickte, weil er glaubte, das »liege an« für seinen Klienten. Leider half das nicht, denn der Mann wollte nach außen gehen, sich beziehen und Kontakt zu Menschen aufnehmen.

Wenn Therapeuten an der falschen Tür klopfen und mangels Flexibilität mit ihrer Weisheit am Ende sind, sprechen sie in der Regel von »Widerständen« des Klienten oder von »Blockaden«. Es ist jedoch immer der Therapeut, der in solch einem Fall blockiert ist, denn er hat offene Türen übersehen, und eine Tür ist sicherlich offen, sonst wäre der Klient ja nicht zur Therapie gekommen.

Selbstverständlich sind spezialisierte Methoden in bestimmten Lebenssituationen äußerst hilfreich. Aber irgendwann erreicht jede Methode ihre Grenze, und dann kann es an der Zeit sein, Methode und Therapeuten zu wechseln. Auch wenn ein Therapeut und seine Methoden lange Zeit dem Prozeß des Klienten entsprochen haben, kommt es laufend vor, daß die Wahrnehmungsebenen wechseln, auf denen Lösungen zu finden sind oder auf denen Erfahrungen gesucht werden. Half uns gestern eine Körpererfahrung, kann das heute ein Gespräch sein, morgen eine menschliche Begegnung oder eine spirituelle Erfahrung.

Da der Zugang zum Unbewußten auf jeder Ebene unserer Wahrnehmung liegen und zwischen den verschiedenen Ebenen wechseln kann, besteht die therapeutische Kunst unter anderem darin, die jeweils richtige Lösungsebene zu finden. Um das zu tun, muß der Therapeut kein Hellseher sein, denn die Probleme des Klienten liefern durch Art und Ebene ihres Auftauchens selbst schon Lösungshinweise. Diese oft versteckten Lösungshinweise gilt es zu erkennen und die dahinterstehenden Kräfte zu erfahren, um sie zu verstärken und bewußt zu machen.

Methodenvielfalt

Im Licht der hier aufgestellten Betrachtungen zeigt sich therapeutische Kunst in erster Linie in der Fähigkeit zu detaillierter und vielfältiger Wahrnehmung.[5]

Aus diesen Gründen halten wir Methodenvielfalt in Selbsterfahrung und Therapie für unumgänglich. Ein Therapeut sollte in der Lage sein, Lösungshinweise und Signale aus allen Wahrnehmungsebenen zu erkennen und aufzugreifen. Wir wollen Körper und Gefühl, Verstand und Bewußtheit, Menschen und Welt in Verbindung bringen. Deshalb sollten wir auf all diesen Wahrnehmungsebenen arbeiten, wenn wir einen Menschen durch seine Prozesse begleiten wollen.

Wir sollten mit dem abeiten, was für den einzelnen Menschen funktioniert, ohne dabei an ein bestimmtes System oder eine festgelegte Arbeitsweise gebunden zu sein.

Untersuchungen haben gezeigt, daß sich die Methoden langjährig tätiger Therapeuten im Laufe der Zeit annähern. Die professionellen Helfer lernen, was funktioniert, wachsen im gleichen Maße aus dem Korsett ihrer Ausbildung heraus und orientieren sich mehr zu Methodenvielfalt hin. Diese Methodenvielfalt ist durch die Vorarbeit der spezialisierten Therapien in den letzten Jahrzehnten möglich geworden. Zuerst mußten sich die einzelnen Therapien weit genug entwickeln, jetzt können sie miteinander verbunden werden.

Therapien wie die Prozeßorientierte Psychologie des Arnold Mindell und die Selbsterfahrung der Methodischen Transformation leben von dieser Integration verschiedener Methoden, und diese Methodenvielfalt macht ihren Reiz aus. Wir wollen jedoch nicht den Eindruck erwecken, als sei unsere Methode ein Allheilmittel und für jeden Menschen in jeder Phase seiner Entwicklung geeignet. Vor allem arbeiten wir nicht mit psychisch kranken Menschen, die oftmals klinische Betreuung brauchen. Wir wenden uns an Menschen, die eigenverantwortlich mit ihrem Leben umgehen können.

Soweit einige kritische Betrachtungen zu therapeutischen Methoden. Im weiteren wollen wir die Methodik unserer Arbeit darstellen.

Unser Ziel ist es, wie weiter vorn beschrieben, Menschen von einer Atmosphäre der Enge in eine Atmosphäre innerer Weite zu begleiten, oder anders gesagt: die Fähigkeiten und den Kontext eines Menschen zu erweitern. Wegweiser auf diesem Weg von der Angst zur Freude ist die *Lust* eines Menschen.

Lust: Die Signale des Unbewußten

Wir können, wie beschrieben, Teile von uns nie vollständig verdrängen. Auf die eine oder andere Weise machen sie sich bemerkbar und tauchen durch Bilder, Träume und Gefühle, Körper- und Bewegungsimpulse in unserer Wahrnehmung auf. In unserer Arbeit nennen wir solche Signale verdrängter Teile des Selbst unsere *Lust*. Die Lust-Signale sind für den Klienten selbst nur schwer zu erkennen, da es sich bei ihnen ja um getarnte und verschlüsselte Botschaften handelt.

Ein Klient sagte, es gehe ihm gut und ihm fehle nichts. Gleichzeitig strich er, ohne das selbst zu bemerken, mit den Fingern zärtlich über die Armlehne seines Sessels. Nachdem sich dieser Vorgang mehrmals wiederholt hatte, erforschten wir die Bedeutung dieses Signals. Der Bewegungsimpuls erwies sich als ein Ausdruck des Bedürfnisses, gestreichelt zu werden. Hier meldete sich ein bedürftiger Teil des Klienten, der außerhalb seines Bewußtseins lag und wahrgenommen werden wollte. Die Botschaft des körperlichen Signals lautete: »Ich brauche Zärtlichkeit.«

Eine Klientin sprach von den Konflikten mit ihrem Mann und betonte dabei, ihm nicht böse zu sein. Doch schon der Satz »Ich bin ihm nicht böse« beinhaltet eine widersprüchliche Botschaft, denn woher kommt das Wort »böse«? Zugleich mit diesen Worten ballte sie eine Faust und preßte die Zähne aufeinander. Als wir diesen Signalen, die ihr nicht bewußt waren, nachgingen, tauchte die Lust auf, »zu zerfleischen«. Hier meldete sich ein aggressiver Teil der Klientin, der durch ihre Identifikation mit der Vorstellung, eine verständnisvolle Partnerin zu sein, verdrängt worden war.

Ein Lust-Impuls hat nichts mit »lustig sein« oder »Spaß haben« zu tun. Lust beschreibt den spontanen, nicht von Angst gesteuerten und eingeschränkten Impuls eines Menschen. Wer Aggression verspürt, bekommt »Lust zu schreien«. Wer Traurigkeit empfindet, bekommt »Lust zu weinen«. Wer Freude empfindet, bekommt »Lust zu lachen« oder »Lust zu tanzen«. Dies sind natürliche Reaktionen, und ihnen nachzugeben ist in jedem Falle lustvoll. Es macht nicht unbedingt Spaß zu weinen, aber es kann sehr befreiend sein, vor allem dann, wenn man es lange Zeit nicht tun konnte.

Wir nennen solche Impulse die »Lust« eines Menschen, weil die Entdeckung der hinter ihnen verborgenen Anteile letztlich ein lustvoller und befriedigender Prozeß ist, der Weitung bringt und die Lebensqualität verbessert.

In unserer Lust zeigt sich die Sehnsucht, zu sein, wie wir wirklich sind, zu fühlen, was wir wirklich fühlen, und zu tun, was wir wirklich tun wollen.

Unsere Lust ist das, was wir tun und was geschehen kann, wenn wir nicht von Angst beherrscht sind.

Angst muß!

Der Klient, der die Sessellehne streichelte, war der Überzeugung, nichts zu vermissen und ein zufriedener Mensch zu sein. Er arbeitete viel und hart, weil »man sich anstrengen muß, wenn man es zu etwas bringen will«. Aus dieser Atmosphäre der »Angestrengtheit« heraus fiel es ihm schwer, eigene Bedürfnisse wahrzunehmen. Er hatte wenig Zeit für Zärtlichkeit, er *mußte* »durchhalten«, sich »zusammenreißen« und »etwas schaffen«.

Die auf ihren Ehemann wütende Klientin ließ sich von ihrem Mann zuviel gefallen. Aus diesem Kontext der »Nachgiebigkeit« fiel es ihr schwer, eigene Bedürfnisse durchzusetzen, denn sie war der Überzeugung, »rücksichtsvoll« und »verständnisvoll« sein zu *müssen*.

Die ein Leben strukturierenden Grundüberzeugungen zeigen sich im Gebrauch des Wortes *muß* und seiner Verneinungen *kann nicht* oder *darf nicht*. Diese Worte offenbaren unmittelbar Identifikation und innere Atmosphäre eines Menschen und damit die Zwänge, die sein Leben in bestimmte Bahnen lenken. Es hat einige Jahre gedauert, bis wir begriffen, daß sich Grundüberzeugungen und Identifikation auf diese einfache Weise äußern. Seitdem haben wir eine erhöhte Sensibilität für die Verwendung dieser Worte, denn wenn wir etwas tun müssen, hat es ungeheure Bedeutung. Es scheint fast undenkbar und liegt tatsächlich außerhalb des Vorstellungsvermögens, es nicht zu tun.

Wer glaubt, man *müsse* sich erschöpfen, um voranzukommen, der wird dies tun, selbst wenn er sich selbst damit schadet. Zu entspannen und zu genießen würde im Kontext der Angespanntheit bedeuten, darauf zu verzichten, im Leben etwas zu erreichen. Daß es auch entspannte Möglichkeiten gibt, eine Arbeit zu tun und Geld zu verdienen, ergibt im Kontext der Angespanntheit keinen Sinn. Also *muß* man ... schuften, hetzen, sich mühen. Kommt ein Mensch im Leben zu kurz, wird er innerlich davon überzeugt sein, zum Beispiel »nett sein zu müssen« oder sich »zurückhalten zu müssen« ... sonst ... geschieht etwas Unangenehmes. Hier taucht Angst auf. »Ich muß, sonst ...!«

Wann immer sich ein Mensch in einer schwierigen Situation befindet, taucht alsbald das *Muß* auf, durch das er sich in diese Situation manövriert hat. Diese Atmosphäre innerer Enge hat eine fatale Auswirkung auf unser Leben, denn sie wirkt als starker Zwang. Angst muß! Wenn wir Angst haben, *müssen wir* kämpfen, fliehen, uns anstrengen, lügen ..., denn Angst läßt uns keine andere Wahl als diese eine Verhaltensweise.

Lust kann!

Verlassen wir eine zu enge Identifikation, indem wir Impulse unserer Lust wahrnehmen und ihnen folgen, tauchen neue und vielfältige Möglichkeiten auf.

Ein Manager kam zu uns, nachdem die ärztliche Untersuchung seiner Herzrhythmusstörungen keine körperlichen Befunde erbrachte. Der Mann hatte interessante und oft wiederkehrende nächtliche Träume. Er träumte davon, bei einer Bergtour abzustürzen. Diese Bilder waren Botschaften seiner Lust, seines Bedürfnisses nach Entspannung, das ihm selbst allerdings erst bewußt wurde, nachdem er gezielt »abstürzte«. Er fiel zu Boden, lag da und rührte sich nicht mehr. Er war »kaputt«. Das Gute am »Kaputt-Sein« war, nichts mehr »machen zu müssen«. Was wurde für diesen Mann möglich, nachdem er nichts mehr machen *mußte*, weil er abgestürzt war? Er *konnte*. Er konnte liegenbleiben, loslassen und die Arbeit für eine Weile vergessen – tief entspannen.

Wer nicht muß, **kann**! Lust und Freude haben eine heilende Wirkung auf unser Leben: Freude **kann**! Wenn wir Weite empfinden, *können* wir – uns wehren, uns vertrauen, uns behaupten, traurig sein, lieben ... Aber wann immer wir glauben, etwas Bestimmtes zu müssen, haben wir die innere Freiheit der Wahl verloren und hängen in einem Kontext der Enge fest. Erst durch Erweiterung unserer Fähigkeiten wird es dann möglich, *zu können* statt zu müssen.

Wenn wir zwischen den vielen Möglichkeiten und Fähigkeiten wählen können, die unser Selbst für uns bereithält, finden wir für jede Lebenssituation entsprechende Antworten.

Der Weg der Lust

Den Weg zu Möglichkeiten, die bisher außerhalb unserer Sichtweite und Vorstellungskraft lagen, zeigen uns die Impulse der Lust. Was es braucht, um diese Möglichkeiten zu finden, ist Ermutigung und Unterstützung dieser Impulse in einem sicheren Rahmen, wie ihn beispielsweise Selbsterfahrung bietet.

Ein Mensch, der sich bisher zurückhielt, kann in der Selbsterfahrung Lust bekommen, sich zu streiten. Ein anderer traut sich, vielleicht zum ersten Mal, albern zu sein. Der nächste hat großes Vergnügen daran, »nichts« zu tun. Lust kann in vielerlei Formen auftauchen: als Lust, zu singen, zu rennen, zu toben, zu hassen, kreativ zu sein, zu zerstören, sexuell zu sein, loszulassen, die eigene Kraft zu spüren, sich zu behaupten, sich zu wehren, sich zu öffnen, zu lieben, sich durchzusetzen, die eigene Meinung zu vertreten, zu entspannen, etwas zu leisten, zu vertrauen, seine wirklichen Gefühle zu zeigen, sich mit Menschen zu verbinden oder sich von ihnen zu trennen, ja und nein zu sagen, klar und deutlich zu sein und vieles, vieles mehr.

Taucht Lust auf, befindet sie sich zunächst im rohen Zustand eines ungeschliffenen Diamanten. Es wäre beispielsweise nicht empfehlenswert, im Alltag einer zurückgehaltenen Aggression freien Lauf zu lassen und den Nachbarn »aus Lust« zu verprügeln, oder in einem Anfall der Liebe alle Menschen auf der Straße »aus Lust« zu umarmen. Bis beispielsweise die Fähigkeit, aggressiv zu sein, ohne sich oder anderen zu schaden, oder Herzlichkeit auszudrücken, ohne Menschen zu nahe zu kommen, genügend entwickelt ist, sich also in das Lebensfeld und den Alltag eines Menschen einordnet, stellt Selbsterfahrung einen sicheren und fördernden Rahmen, quasi einen

Übungsraum für Lust dar. Nach und nach, in Gruppen oder Einzelsitzungen, wird der Diamant der Lust geschliffen. Bringen wir ihn dann in unseren Alltag, transformiert er unser Leben.

Alles, was wir brauchen, um unseren Weg der Veränderungen zu gehen, ist eine größere Aufmerksamkeit für unsere Lust, für die Botschaften des Unbewußten. Folgen wir ihr, zeigt sie uns ganz natürlich den Weg zu mehr Lebensfreude.

Wo will ich hin? Was will in meinem Leben geschehen?

Das Ziel unserer Arbeit liegt darin, einen Weg vom Muß zum Kann zu finden. Oft ist uns nicht bewußt, wo wir genau hin wollen. Oder wir kennen zwar unser Ziel, aber nicht den Weg dorthin und wissen nicht, wie wir mit den Hindernissen auf dem Weg umgehen können.

Wo der Mensch hin will und was in seinem Leben geschehen will, entscheidet nicht das Bewußte allein, sondern das *ganze Selbst*, und das besteht zum Großteil aus dem Unbewußten. Es geht also darum, Wege zur Aufnahme des Unbewußten und seiner Inhalte und Absichten zu finden, die sich durch Signale der Lust mitteilen. Folgen wir dann einer Lust, ergeben sich oft überraschende Entwicklungen.

Eine Frau kam zu uns, weil sie sich langweilte und »das Problem hatte, nichts erleben zu können«. Während sie auf dem Stuhl saß und ihre Unfähigkeit, etwas zu erleben, schilderte, drehte sie mit den Fingern ihre Haare zu kleinen Rollen. Diese Bewegung wirkte verspielt und paßte so gar nicht zu der kontrollierten und strengen Art, in der sie sprach. Wir forderten sie auf, diesen Impuls wahrzunehmen und zu erforschen. Nach und nach ließ sie sich auf die kleinen Kreise ein, machte sie größer und begann schließlich, sich zu drehen. Ihre Bewegungen mündeten in einen Kreiseltanz und schließlich in ein befreites Lachen. Sie hatte die Fähigkeit wiederentdeckt, sich zu bewegen, zu erleben und sich zu freuen. Auch wenn sie anfangs glaubte, diese Fähigkeit nicht mehr zu besitzen – durch die Impulse ihrer Lust konnte sie den Weg zur Freude aufnehmen, ohne »am Problem« zu arbeiten.

Wenn wir einen Menschen begleiten, versuchen wir eine Antwort auf die Frage zu finden: »Wo will er hin und wie zeigt er das?«

Lust. In den Äußerungen des Unbewußten, in Körpersymptomen, Träumen, den unkontrollierten Gefühlen eines Menschen zeigt sich sein Bedürfnis nach Weitung einer zu eng gewordenen Identifikation. Diese Lust zeigt die Richtung auf das bisher unbewußte Ziel. Sie sagt uns, wo der Mensch hin will.

Angst. Oft ist es allerdings schwer, einer Lust zu folgen und verdrängte Teile zu entdecken. Denn sobald wir das versuchen, stoßen wir an die Grenzen unserer Identifikation – wir bekommen Angst vor dem Unbekannten. *Wer seiner Lust folgt, begegnet seiner Angst.*

Schwelle. Jetzt hängen wir an einer inneren Schwelle fest. Sobald die Impulse für etwas (Lust) und die Impulse dagegen (Angst) aneinander geraten, befinden wir uns in einem inneren Kampf. Diese Auseinandersetzung ist wichtig und muß geführt werden, denn indem wir die Schwelle erfahren und schließlich überschreiten, können wir unser Problem lösen. Deshalb halten wir uns so lange an der Schwelle auf, bis wir beide Teile erforscht und eine für das Bewußte und für das Unbewußte, für unsere

Sehnsucht und unsere Angst akzeptable Lösung gefunden haben. Dann wird die innere Schwelle passierbar, und es wird zu einer Umwandlung unseres Bewußtseins in der Verbindung beider Kräfte kommen.

Integration. Diese Transformation kann in der Selbsterfahrung deutlich werden und teilweise auch geschehen. Verwirklichen und wirksam machen können wir sie jedoch nur dort, wo das Problem aufgetreten ist: in unserem Alltag. Dort findet die Bewährungsprobe statt, denn nur was in unserem »normalen« Leben Bestand hat, ist wirksam integriert und hat zur Veränderung des Lebens beigetragen.

So weit die theoretische Darstellung unserer Vorgehensweise. Wir wollen nun diese Methodik anhand eines Beispiels aus der Praxis demonstrieren.

Ein Angestellter kam mit dem Problem einer Allergie in die Beratung. Ihm war aufgefallen, daß seine Allergie mit Stoffen zusammenhing, denen er am Arbeitsplatz begegnete. Seine Bürotätigkeit beschrieb er als »öde, aber gut bezahlt«. Es ergibt sich folgendes Bild:

Was will geschehen? Wo will er hin? Von seinem Bewußten aus definiert unser Mann sein Ziel folgendermaßen: »Ich will die Allergie loswerden und wieder vernünftig arbeiten können.« Das Unbewußte drückt jedoch ganz andere Ziele aus. Da seine Interessen dauerhaft ignoriert werden, greift es zwangsweise durch eine Allergie ein. Obwohl sich diese Allergie nicht gut anfühlt und auch nicht als lustvoll empfunden wird, zeigt sich in ihren Symptomen die Sehnsucht oder Lust des Klienten. Was *kann* er machen, wenn er einen Allergieschub erleidet? Spontan antwortet er auf diese Frage: »Zu Hause bleiben.« Seine Lust besteht zuerst einmal darin, im Bett zu bleiben. Was kann er dort? Liegen und »mich fühlen«. Was fühlt er, wenn er das tut? Daß »ich das alles nicht mehr will, weil es so öde ist«.

Die Impulse, im Bett zu bleiben und zu fühlen, können wir als kurzfristige Lust bezeichnen, die langfristig zur Lust führt, eine andere, interessante Arbeit zu suchen.

Wo heraus lebt er? Wo ist er? Dies ist die Frage nach der Identifikation. Unser Mann lebt, was seine Arbeit angeht, aus einer inneren Atmosphäre der »Starrheit«. Obwohl ihm seine Arbeit mißfällt und sich öde anfühlt, überwindet er seinen Widerwillen dagegen, denn sie ist gut bezahlt. Seine Identifikation liegt auf der Verstandesebene, er handelt »vernünftig« gegen ein Gefühl. Hier zeigt sich ein Konflikt zwischen Verstand und Gefühl.

Damit sind die Fragen »Wo heraus lebt er?« und »Wo will er hin?« hinreichend beantwortet. Wir können sagen, dieser Mann lebt aus »Eintönigkeit« und will hin zu »Lebendigkeit«. Nun ging es darum, einen Weg zu diesem Ziel zu finden. Dafür muß er die innere Schwelle zwischen seiner Lust und Angst erfahren.

Die Schwelle. Der Weg über die Schwelle verlief in diesem Beispiel, wie in den meisten Fällen, nicht geradlinig, sondern führte durch verschiedene Wahrnehmungsebenen, vom Körper zu Gefühlen und weiter zu einer Erkentnnis. Verfolgen wir diesen »Weg der Lust« detailliert durch die verschiedenen Wahrnehmungsebenen, wird die Allergie des Klienten als Ausdruck eines inneren Kampfes deutlich.

Körperebene: Die verdrängten Bedürfnisse »Fühlen« und »Entspannen« setzen sich über körperliche Symptome, eben die allergische Reaktion, durch. Tritt diese Allergie auf, reagiert das Immunsystem so heftig auf bestimmte, im Büro vorhandene Reizstoffe, daß es die eigene Körperabwehr angreift. Der Mensch kämpft quasi auf der Körperebene gegen sich selbst. Heute weiß die medizinische Forschung, daß Gefühle in der Lage sind, das Immunsystem durch Botenstoffe zu beeinflussen. Gefühle können also direkt und massiv in den Körper eingreifen, und das haben sie in diesem Fall getan.

Gefühlsebene: Die Allergie konnte den Mann zwar lahmlegen und ihn von Zeit zu Zeit daran hindern zu arbeiten. Aber sein Problem war damit nicht gelöst, denn sobald die Symptome verschwanden, ging unser Mann wieder zur gleichen, öden Arbeit. So geriet er allmählich tiefer in einen Kreislauf von Allergie, Behandlung, Arbeit, Allergie, Behandlung ...

Erst als wir das Phänomen »Allergie« nicht wie einen Feind, sondern wie einen Freund betrachteten, der etwas für ihn tun wollte, konnte der Klient empfinden, wozu die Krankheit gut war: Sie ermöglichte ihm, sich auszuruhen, sich zu fühlen und Rücksicht auf sich zu nehmen. Nachdem er erfahren hatte, wie »gut es sich anfühlt«, seiner Lust nach Entspannung zu folgen, und wie gut ihm der Abstand vom Büro tat, begann er, seine Bedürfnisse ernster zu nehmen und seine allzu starke Identifikation mit »Geld« und »Leistung« allmählich zu relativieren.

Bewußtheit: Die wiederholte Erfahrung dieser wohltuenden Gefühle mündete in der körperlich und emotional fundierten Erkenntnis, daß die Allergie eine Botschaft in sich trug: »Kümmere dich besser um dich, geh nicht gleichgültig mit deinem Leben um, sei kreativ – sonst mache ich dich krank!«

Auf der Grundlage dieser Erkenntnis entschied sich der Mann, auf seinen Körper und seine Gefühle zu hören. Er suchte sich eine neue Arbeit, wodurch er seiner Lust gerecht wurde, und kündigte erst dann die alte, wodurch er seiner Angst Rechnung trug. Seine Allergie ließ nach und verlor innerhalb von zwei Jahren jede Bedeutung in seinem Leben. Der Mann hatte, was seinen Arbeitsbereich anging, aus Angst gelebt, und es gelang ihm, durch die Entdeckung seiner Lust zu einem freudvolleren Leben zu finden.

Zusammenfassung

Die Lösung eines Problems ergibt sich unter anderem aus der wert- und vorurteilsfreien Haltung, mit der wir der Frage nachgehen: Wo heraus lebt ein Mensch und wo will er hin?

Bei der Beantwortung dieser Fragen sollte ein Therapeut nicht Führer oder Wegweiser, sondern Begleiter des Klienten in eine für beide unbekannte Welt sein. Der Begleiter sollte sich nie einbilden, besser als das ganze Selbst des Klienten zu wissen, wohin die Reise geht.

Hat sich gezeigt, wo der Klient hin will, besteht eine Aufgabe des Begleiters darin, gemeinsam mit dem Klienten die innere Atmosphäre erlebbar zu machen, die der Klient sucht, also mit ihm zum Ziel zu gelangen. Zum Ziel gelangen wir aber nur, wenn wir die Auseinandersetzung an der inneren Schwelle führen und die dort wirkenden, sich bekämpfenden Kräfte entdecken, verstehen und anerkennen. Lebt jemand beispielsweise in Niedergeschlagenheit, Depression oder Starrheit, kann es ihm helfen, sich lebendig und spontan zu erleben. Jedes Erlebnis von Spontaneität läßt ihn sein Ziel erfahren. Lebt jemand in einer Atmosphäre der Unterlegenheit, kann der Begleiter ihm helfen, indem er angemessene Gelegenheiten herstellt, sich zu behaupten und zu wehren.

Immer, wenn wir gemeinsam mit dem Klienten über die Schwelle gelangen, macht er die unmittelbare Erfahrung, daß es *sein Ziel jetzt und wirklich gibt.* Wahrscheinlich besteht ein großer Teil der verändernden Wirkung von Sitzungen und Gruppen in der unmittelbaren Gestaltung und Erfahrung des Zieles.

Die Gestaltung eines Zielkontextes kann zu ungewöhnlichen, aber überaus kreativen und effektiven Erlebnissen führen. Ein Mann, der in einer permanenten Atmosphäre der Ruhelosigkeit lebte, erfuhr einen Durchbruch durch eine Sitzung, in der er etwa zwei Stunden lang schwieg. Eine Frau, die in einer Atmosphäre der Starrheit lebte, überwand ihre Angst, indem sie sich erlaubte, zu brabbeln, zu kreischen, verrückt zu werden und »auszuflippen«. Ein Geschäftsmann machte erste Schritte aus seiner Atmosphäre der Verbissenheit, indem er sein inneres Kind entdeckte und anfing, liebevoll mit einem Teddybären zu kommunizieren.

In diesen Beispielen erlebten Klienten etwas von dem, was bisher außerhalb ihrer Vorstellung und Identifikation lag – etwas Neues. Das ist zwar nicht das Ende, aber doch der Beginn einer grundlegenden Veränderung.

5. Veränderte Bewußtseinszustände

In diesem Kapitel

- beschreiben wir veränderte Bewußtseinszustände.

Thesen:

- **Der Druck verdrängter Kräfte kann das Normalbewußtsein stark verändern.**
- **Veränderte Bewußtseinszustände sind Versuche des Selbst, uns mit verdrängten Kräften in Verbindung zu bringen.**

Wie verdrängte Kräfte sich zwischen verschiedenen Wahrnehmungsebenen bewegen können, haben wir in einem vorhergehenden Kapitel beschrieben. Halten wir jedoch nicht einzelne Aspekte, sondern ganze Bereiche des Selbst auf Dauer dem Bewußtsein fern, wachsen Macht und Druck des Unbewußten an. Dieser Druck kann so stark werden, daß das Normalbewußtsein stark und nachhaltig verändert wird. Wir sprechen dann von veränderten Bewußtseinszuständen. Diese äußern sich in zeitlich länger anhaltenden Veränderungen unserer Wahrnehmung, durch die wir »Normalität« verlieren und außergewöhnliche und mitunter beängstigende Erfahrungen machen.

Der Begriff »veränderte Bewußtseinszustände« ruft allgemein Verwirrung hervor. Diese Zustände sind jedoch nichts Geheimnisvolles, sondern geschehen jedem Menschen. Wir alle kennen das Phänomen eines veränderten Bewußtseinszustandes vom Alkoholgenuß her. Ist ein Mensch normalerweise verschlossen, lösen schon einige Gläser Wein seine Zunge. Plötzlich wird er locker, albern, vertraulich oder auch aggressiv. Diese Verhaltensweisen verbietet er sich im Normalzustand, oder es ist ihm gar nicht bewußt, diese Anteile zu haben. Er muß erst in einen veränderten Bewußtseinszustand gelangen, um Zugang zu ihnen zu bekommen und sie ausdrücken zu können. Veränderte Bewußtseinszustände verschieben unsere Aufmerksamkeit also in Bereiche, wo normalerweise wenig Aufmerksamkeit herrscht.

Ein weiteres Beispiel für veränderte Bewußtseinszustände ist Karneval. In dieser Zeit lassen sonst beherrschte Menschen »die Sau raus«. Sie öffnen die Tür zum Verrückten einen Spalt weit. Erwachsene dürfen sich wie Kinder verhalten, Männer können sich wie Frauen kleiden und benehmen, Frauen schneiden Männern den Schlips, das Symbol ihrer Männlichkeit, ab. Menschen tanzen auf der Straße, umarmen wildfremde Leute und werden ausgelassen.

Beim Karneval handelt es sich um gesellschaftlich tolerierte Verrücktheit. Das Unbewußte braucht jedoch keine Erlaubnis, um sich durchzusetzen. Es ist in der Lage, jederzeit unseren Normalzustand zu verändern. In dieser Fähigkeit, uns zu überraschen, zu verunsichern oder »aus der Bahn« zu werfen, zeigt sich die Macht und der große Einfluß des Unbewußten. Veränderte Bewußtseinszustände sind vom Bewußtsein her kaum kontrollierbar. Sie »geschehen« und bereiten deshalb Angst. Doch sie sind wichtig und können genutzt werden, denn sie machen uns normalerweise verwehrte Bereiche des Selbst zugänglich und vermitteln uns neue Erfahrungen.

Im Laufe der Jahre haben wir, orientiert an ihrem Auftauchen im Leben der Menschen, vier verschiedene Bewußtseinszustände unterschieden. Es sind dies die Zustände *Vergangenheit, Zukunft, Gegenwart* sowie der Zustand *Bewußtheit.* Diese Zustände sind an sich nichts Außergewöhnliches, denn sie kommen auch in unserem Normalbewußtsein vor. Ihre Intensität kann jedoch derart zunehmen, daß sie uns ganz oder teilweise beherrschen und unser alltägliches Leben bestimmen oder stark beeinflussen.

Bevor wir uns diesen Zuständen intensiver widmen, hier eine Kurzdarstellung.

Vergangenheit. Wir befinden uns in diesem Zustand, wenn unser Bewußtsein von geistigen, körperlichen oder emotionalen Erinnerungen aus der Vergangenheit bestimmt ist. Es kann sich dabei beispielsweise um starke Gefühle und körperlich empfundene Ängste handeln, die Ausdruck einer Regression in Kindheitserlebnisse sind. Wir arbeiten mit diesem Zustand, um den Einfluß der

Vergangenheit dort aufzuheben, wo sie uns heute in einem Kontext der Angst festhält, denn das bedeutet, die Welt durch die Brille einer alten Wahrnehmung zu sehen und schmerzhafte Erfahrungen des Lebens zu wiederholen.

Zukunft. Wir befinden uns in diesem Zustand, wenn unser Bewußtsein von Projektionen zukünftiger Ereignisse bestimmt ist und wir in einer Welt der Pläne, Träume und Phantasien leben, ohne sie verwirklichen zu können. Wir arbeiten mit dem Zustand Zukunft, um unsere Handlungen nach Visionen auszurichten und etwas Neues in unserem Leben entstehen zu lassen.

Gegenwart. In diesem Zustand ist unser Bewußtsein von Vorgängen bestimmt, die gegenwärtig geschehen. Es kann sich dabei um Körperempfindungen wie Hitze, Schwere, Müdigkeit, Überdrehtheit oder auch Süchte und rauschähnliche Zustände handeln. Wir arbeiten mit der Gegenwart, die wir auch Energiezustand nennen, um Zugang zu Sinnlichkeit und Gegenwartserleben zu bekommen. Wir brauchen das Erleben der Gegenwart frei von Erinnerung und Projektion, von Vergangenheit und Zukunft, um Kraft zu schöpfen und im Leben anzukommen.

Bewußtheit. In diesem Zustand sind wir uns anderer Wahrnehmungsebenen bewußt, haben also Distanz zu uns selbst. Wir arbeiten mit dem Zustand Bewußtheit, um Abstand zu unseren Identifikationen zu bekommen und der Stille in uns zu begegnen. Hier geht es darum, den Schritt von der polaren Wahrnehmung zur Einheit zu machen.

Mit den vier Bewußtseinszuständen zu arbeiten heißt, sich mit den menschlichen Kräften und Fähigkeiten der Erinnerung, der Vision, des sinnlichen Erlebens und des Bewußtseins auseinanderzusetzen. Damit das geschehen kann, werden diese Kräfte in unserer Arbeit durch Symbolgestalten dargestellt. Bevor wir uns den einzelnen Bewußtseinszuständen widmen, wollen wir erwähnen, daß sie in der Praxis nie völlig getrennt voneinander vorkommen. Ein Zustand kann in einen anderen übergehen, und auch hier gilt: Der Fluß des Lebens ist unvorhersehbar, und es geht darum, ihm zu folgen.

Zum besseren Verständnis der verschiedenen Bewußtseinszustände und unserer Arbeit mit ihnen haben wir das Modell der Transformations-Pyramide entwickelt. Am Ende jedes der folgenden vier Abschnitte bauen wir dieses Modell schrittweise auf. Am Ende des Buches finden Sie dann einen Gesamtüberblick über dieses Modell.

6. Der Bewußtseinszustand Vergangenheit

In diesem Kapitel

- untersuchen wir, wie Vergangenheit im Alltag auftaucht,
- betrachten wir das Verhältnis von Gefühl und Verstand,
- befassen wir uns mit Vergangenheitsbewältigung,
- begegnen wir den Symbolfiguren »Kind« und »Erwachsener«.

Thesen:

- **Der Zustand Vergangenheit beruht meist auf einem Konflikt zwischen Gefühl und Verstand.**
- **Er löst sich auf, wenn wir lernen, das zu tun, was früher gut war, nicht zu tun.**
- **So gewinnen wir »Freiheit von den anderen« und werden »wir selbst«.**

Wie Vergangenheit auftaucht

Wir sprechen vom Bewußtseinszustand Vergangenheit, wenn wir Situationen und Erfahrungen unserer Kindheit einschließlich der damals damit verbundenen Gefühle und Erinnerungen heute, als erwachsene Menschen, wiedererleben. In diesem Zustand kann es mitunter zu starken Regressionen kommen, die dem erwachsenen Menschen oft unerklärlich und bedrohlich erscheinen.

Vergangenheit ist unproblematisch, insofern es sich bei ihrer Reproduktion um die »guten« Seiten der Kindheit handelt. Die verinnerlichte Botschaft »Du bist liebenswert« beispielsweise bedarf keiner Korrektur, denn sie wird sich positiv auf das Leben eines Menschen auswirken. Jeder von uns hat aber eine Reihe schmerzhafter Erfahrungen gemacht und »negative« Botschaften verinnerlicht; und es sind gerade diese Erfahrungen und Überzeugungen, die wir in Krisensituationen wiedererleben, oder, um es präzise auszudrücken, die uns in Krisensituationen hineinführen.

Der Bewußtseinszustand Vergangenheit spielt eine nicht zu unterschätzende Rolle im Leben erwachsener Menschen. Er kann auf zweifache Weise auftauchen. Einmal, indem er sich einschleicht und unmerklich die Atmosphäre des Alltags bestimmt, oder, durch bestimmte Ereignisse ausgelöst, indem er plötzlich in unseren Alltag einbricht.

Ein Beispiel für das allmähliche Entstehen des Zustandes Vergangenheit gibt die 42jährige Inge, die erschöpft und entnervt zu uns kam. Diese Frau war völlig überlastet, denn sie hatte einen Mann, Kinder und ein Haus zu versorgen. Darüber hinaus arbeitete sie ehrenamtlich in verschiedenen Vereinen und half kranken Leuten aus der

Nachbarschaft. Ihre eigenen Bedürfnisse kamen bei soviel Hilfsbereitschaft und Aufopferung derart zu kurz, daß sie am Rande des körperlichen und nervlichen Zusammenbruchs stand.

Die Lebenssituation dieser Frau wurde im Zusammenhang ihrer Kindheitsgeschichte verständlich, in der sie die Erfahrung machte, Liebe und Aufmerksamkeit vorwiegend dann zu bekommen, wenn sie etwas für andere leistete. Sie gewann als Kind die Überzeugung, sich Liebe »verdienen zu müssen«, und darüber hinaus die Überzeugung, daß »meine Bedürfnisse nicht so wichtig sind wie die der anderen«. Indem sie auch als erwachsene Frau unbewußt diesen Überzeugungen folgte, also aus einer inneren Atmosphäre der »Wertlosigkeit« lebte, brachte sie sich im Laufe der Jahre nach und nach an den Rand der Verzweiflung, denn statt geliebt und behütet zu werden, wurde sie von ihrer Umgebung ausgenutzt. Inge geriet in Zustände von Hilflosigkeit und Sinnlosigkeit, die sie aus den Tagen ihrer Kindheit kannte. Alles fühlte sich so an und sah so aus wie »damals«. Damit war der Zustand Vergangenheit wieder entstanden.

Inge fühlte sich überfordert und verlassen wie als Kind. Ihr erster Impuls, ihre Lust in diesem Zustand war es, »alles hinzuschmeißen« oder »zusammenzubrechen«. Indem wir Inge dabei unterstützten, in den Sitzungen bewußt »zusammenzubrechen« und »alles hinzuschmeißen«, konnte sie das wahre Ausmaß ihrer Erschöpfung fühlen. Sie entdeckte das stumme und hilflose Kind, das sie einmal war, und die damit verbundenen Gefühle wieder. Als sie dem Kind half, seinen Zorn und sein Bedürfnis nach Zuwendung auszudrücken, tauchten die Worte »ich will« und »ich brauche« auf. Diese Worte waren in ihrer Kindheit und demzufolge in ihrem späteren Leben ohne wirkliche Bedeutung gewesen.

Das innere Kind ist einerseits eine Erinnerung, andererseits zugleich Symbol von Inges heutigen Gefühlen. Es »leben zu lassen« bedeutet, alte und seit langem zurückgehaltene Gefühle wieder zu entdecken und auszudrücken. Inge tat dies und begriff auf diese Weise die Zusammenhänge ihrer Lebenssituation mit den Ereignissen der Kindheit. Diese Erfahrung half ihr, die Fähigkeit, eigene Bedürfnisse anderen Menschen gegenüber auszudrücken und durchzusetzen, in ihren Lebensalltag zu übertragen. Sie lernte, sich besser abzugrenzen, nein zu sagen, für sich selbst zu sorgen und zu fordern. In dem Maße, in dem sie einen neuen Kontext von »Werthaftigkeit« kreierte, löste sich der Zustand Vergangenheit auf – Inge hörte auf, sich wie ein hilfloses Kind zu fühlen, und wurde auch gefühlsmäßig die Frau, die sie ist.

Georg war ein Mann, der plötzlich und unvermittelt in den Bewußtseinszustand Vergangenheit geriet. Er hatte sich durch die ersten vierzig Jahre seines Lebens »gekämpft«. Seine innere Atmosphäre war eine der Bedrohtheit, seine Überzeugung sagte, daß »man sich durchboxen muß, nicht nachgeben und sich nicht hängenlassen darf«. Dementsprechend hart war sein Verhalten gegen sich selbst und andere. Als seine Angespanntheit durch hohe geschäftliche Verluste noch zunahm, hielt seine Frau es nicht mehr bei ihm aus und verließ ihn. Georg brach zusammen. Plötzlich war der große und starke Mann verschwunden, und Georg fühlte sich schutzlos und verlassen »wie ein kleines Kind«. Er war den Gefühlsschüben, den nächtlichen Zitteranfällen, Bauchkrämpfen und der zuweilen auftauchenden Atemnot hilflos ausgesetzt. Sein Normalbewußtsein war derart verändert, daß er sich selbst nicht wiedererkannte. Der Bewußtseinszustand Vergangenheit hielt ihn fest umklammert und hinderte ihn daran, sein »normales« Leben zu führen.

In den Sitzungen, die er infolge dieser Krise nahm, konnte Georg sich erlauben, das Kind zu sein, das in seinem Inneren anklopfte. Er begann zu jammern und zu weinen und so nach und nach seine bedürftige Seite zu entdecken. Die Wucht der Ereignisse warf ihn noch weiter in die Vergangenheit zurück, als er in einer Sitzung seine Geburt wiedererlebte. Hier entdeckte er den Ursprung seines Kontextes der Bedrohtheit und der Überzeugung, er müsse »sich durchboxen« und dürfe »nicht nachgeben« in der Angst, im Geburtskanal hängenzubleiben und zu ersticken. Nach diesem Erlebnis konnte er sein Zittern und die nächtlichen Angstanfälle verstehen und in Zusammenhang mit seiner Geburt bringen, wodurch diese Zustände ihre zuvor unerklärliche Bedrohung verloren und schließlich verschwanden.

Vielen Menschen scheint es schwer vorstellbar, daß Lebensgrundhaltungen durch Geburtsvorgänge entstehen können, doch diese Ereignisse können unsere Wahrnehmung bereits vor der Sprachentwicklung entscheidend prägen. Georg war dem Kind, in diesem Fall dem Baby, das er einmal war, begegnet und von der Tiefe und Intensität dieses Erlebnisses berührt. Im Laufe der nächsten Monate wurde er weicher und begann, mehr über seine Gefühle und Bedürfnisse zu sprechen, sogar andere Menschen um Hilfe zu bitten. Er entwickelte sich vom Kontext der »Bedrohtheit« hin zu einer inneren Atmosphäre der »Vertrauensfähigkeit«.

Georgs Regression in kindliches Bewußtsein war nicht zufällig geschehen. Er hatte sein einseitiges Verhalten, zu kämpfen und stark zu erscheinen, buchstäblich auf die Spitze getrieben, war unerbittlich gegen sich, seine Freunde und seine Frau gewesen. Mit einem Mal überwältigten ihn die Kräfte des inneren Kindes, seine verdrängten Bedürfnisse also. Jetzt begann ein Prozeß, der zur Verbindung mit den weichen und mitfühlenden Qualitäten seines Selbst führte. Am Ende dieser Transformation war Georg ein anderer, sanfterer Mann, was dazu führte, daß er sich seiner Frau annähern konnte und auch der Kontakt zu Freunden intensiviert wurde.

Jeder Mensch gerät im Laufe seines erwachsenen Lebens früher oder später in den Bewußtseinszustand Vergangenheit. Wir alle kennen ein Gefühl, das uns augenblicklich in diesen Zustand Vergangenheit katapultieren kann: das Gefühl der Eifersucht.

Wenn der Partner sich jemand anderem zuwendet und wir mit der Angst konfrontiert sind, verlassen zu werden, werden fast schlagartig Lebens- und Überlebensängste aus frühester Kindheit wach, die mit der realen Situation unseres erwachsenen Daseins und seinen Möglichkeiten nichts zu tun haben. Wir fühlen uns machtlos und verloren, unseren Gefühlen ausgeliefert und verhalten uns wie das Kind, zu dem wir emotional regredieren.[6] Die emotionale und körperliche Regression, in der wir von Ängsten überwältigt werden, kann sich in Atemnot, Zittern, Kälteempfinden, Schmerzen, Trauer, Hast, kurz in allem äußern, was ein Kind durchmacht, wenn es sich verlassen fühlt. Auch wenn wir uns bewußt kaum an die Erlebnisse der Säuglingszeit erinnern können – unser Körper hat alle Erinnerungen gespeichert und kann uns, durch einen entsprechenden Auslöser, damit verbinden. Dann fühlen wir den Schmerz des Abgeschnittenwerdens, den Schock des ersten Atemzuges oder das unbeschreibliche Glück der Ankunft in der Welt.

Der Bewußtseinszustand Vergangenheit muß nicht in jedem Fall problematisch durchlebt werden. Viele Menschen, deren Leben vorwiegend von Vernunft bestimmt ist, erleben den Kontakt mit dem inneren Kind, mit ihren verspielten, unschuldigen, zarten und lebendigen Seiten als unmittelbare Bereicherung ihres Lebens. Sie erinnern sich an lange vergessen geglaubte Ereignisse und entwickeln eine Liebe zu dem Kind in sich, die ihnen hilft, die emotionale und unvernünftige Seite ihres Selbst anzunehmen und dadurch Verbindung zu kreativen und spontanen Kräften zu bekommen.

Hans, ein Elektronikingenieur, machte eine solche Erfahrung. In seinem Arbeitsalltag war er effektiv, sein Privatleben erlebte er als fad und eintönig. Während er mit bedrückter Stimme von seinem Leben erzählte, rutschte er unruhig und angespannt auf seinem Stuhl hin und her. Seine Finger trommelten nervös auf der Armlehne. Wir forderten ihn auf, dieses Trommeln zu erforschen. Er entdeckte einen leichten und hüpfenden Rhythmus darin. Als er diesen Rhythmus in seine Beine brachte, stand er auf und fing zu hüpfen an – zu hüpfen wie ein Kind. Nach einer Weile bekam er einen regelrechten »Lachkoller«. Anschließend zeigte er sich angetan von dem Kind, von seiner Leichtigkeit und Freude. Er erinnerte sich an schöne Phasen der Kindheit, in denen er die Gefühle der Freude und des Glücks erlebt hatte. Kurze Zeit nach diesem Erlebnis verliebte er sich.

In den vorangegangenen Beispielen wurden Menschen von starken emotionalen Vorgängen ergriffen, weil sie diese Seiten für lange Zeit verdrängten und sich einseitig »vernünftig« verhielten. Es ist aber auch möglich, daß wir uns einseitig emotional verhalten, also von starken Gefühlen der Kindheit beherrscht werden und den Verstand vernachlässigen.

Lisa wurde nach der Trennung von ihrem Freund von Gefühlen derart überschwemmt, so daß sie sich »nicht mehr zu helfen« wußte. Es fiel ihr zunehmend schwer, den Alltag zu bewältigen, ihre Wohnung versank im Chaos, und sie vernachlässigte ihre Pflichten. Sie weinte und trauerte, aber der Ausdruck ihrer Gefühle erleichterte sie nicht und brachte keine Änderung ihres Zustandes. Sie brauchte Abstand zu ihren Gefühlen. Den bekam sie, als die Begleiterin im Sitzungsraum ein großes Chaos anrichtete, jammerte, trauerte, weinte und sich von all diesen Gefühlen überwältigt zeigte. Sie tat nun, was Lisa sonst tat. Lisa schaute »sich« verwundert zu, schüttelte den Kopf und begann, aufzuräumen. Dabei sprach sie zur regredierten Begleiterin wie eine sorgende, aber bestimmende Mutter zu ihrem Kind.

Jetzt hatte Lisa ihren Verstand, ihren vernünftigen und erwachsenen Teil, eingeschaltet. Nachdem sie an diese Kraft angeknüpft hatte, wußte sie wieder, was zu tun war – den Alltag zu organisieren, Kontakte zu knüpfen, sich »zusammenzureißen«. Natürlich war die Angelegenheit damit für Lisa nicht völlig erledigt. Aber sie hatte mit Hilfe der Verstandeskräfte eine Orientierung und ein Gegengewicht zu den starken Gefühlen gefunden, wodurch diese weniger bedrohlich wurden und sie ihr Leben wieder in die Hand nehmen konnte.

Vergangenheitsbewältigung

Vergangenheitsbewältigung ist ein zentrales Thema jeder Therapie oder Selbsterfahrung. Doch kaum jemand kann sich ein Bild vom wirklichen Einfluß der Vergangenheit machen. Für manche Menschen scheint Vergangenheit nur eine Ansammlung von Erinnerungen, Bildern oder gelegentlichen Gefühlen zu sein, und sie glauben die Vorfälle der Kindheit vergessen oder ignorieren zu können. Andere meinen im Gegensatz dazu, ohne die Aufarbeitung der Kindheit seien im Leben keine Fortschritte zu machen, und wühlen demzufolge ständig in Vergangenem herum.

Beide Haltungen verkennen nach unserer Meinung die Bedeutung der Vergangenheit, indem sie diese unter- oder überbewerten. Wir gehen davon aus, daß die eigentlichen Probleme des erwachsenen Menschen nicht in den Vorfällen der Kindheit selbst begründet sind, sondern in dem, was durch diese Vorfälle *in uns* entstanden ist, nämlich in der Struktur unserer Wahrnehmung.

Vergangenheit zu bewältigen heißt demnach, den Mechanismus zu verändern, der unsere Probleme immer wieder neu entstehen läßt: unsere Wahrnehmung, unseren Kontext, unsere innere Atmosphäre.

Ein Beispiel mag das veranschaulichen. Stellen wir uns eine Druckwalze vor, die an mehreren Stellen verformt ist. Diese Verformungen symbolisieren frühe Ereignisse unseres Lebens, die Eindrücke auf der bis dahin makellosen Druckwalze hinterließen. Jedes Blatt Papier, das ab diesem Zeitpunkt an der Walze vorbeiläuft, bekommt nun dieselbe Prägung. Dabei ist es gleichgültig, was im einzelnen auf das Papier gedruckt wird.

Die Druckwalze entspricht der menschlichen Wahrnehmung, jedes Blatt Papier steht für ein Ereignis. Auf diese Weise, durch die unter dem Papier liegende Walze (Kontext), bekommen alle späteren Lebenserfahrungen den Stempel der Vergangenheit aufgedrückt und werden zu gleichen oder ähnlichen Erfahrungen. Durch die Prägung unserer Wahrnehmung reproduziert sich also Vergangenheit, nicht durch die Ereignisse selbst. Diese Prägung hinterläßt Spuren auf allen Ebenen des Selbst:

– auf der Körperebene in Körperstrukturen, Körperhaltungen und Verspannungen von Muskeln und Organen,

- auf der Gefühlsebene in der Abwendung von bestimmten Gefühlen und in der Identifikation mit anderen Gefühlen,
- auf der Verstandesebene in unseren Einstellungen und Überzeugungen, Meinungen und Urteilen,
- auf der Bewußtseinsebene im Grad unserer Wachheit und dem Ausmaß, uns und unsere Handlungen sehen zu können,
- auf der Ebene menschlicher Beziehungen im Ausmaß, mit dem wir uns für andere Menschen öffnen oder uns vor ihnen verschließen,
- auf der Ebene der Welt im Vertrauen oder Mißtrauen, das wir dem Leben entgegenbringen.

Wenn also Körper, Verstand, Gefühle, Beziehungen und Bewußtheit durch eine in der Vergangenheit entstandene Wahrnehmung beeinflußt sind, bedeutet das zugleich, daß nichts von dem, was wir fühlen oder denken, im eigentlichen Sinne wahr ist. Alles ist beeinflußt und wahr*genommen.* In dieser umfassenden Ausdehnung auf alle Teile des Selbst liegt die eigentliche Macht der Vergangenheit, denn wir können uns nur schwer vorstellen, daß Fühlen und Denken in solch starkem Maße beeinflußt sind.

Gefühl und Verstand: Kind und Erwachsener

Gefühl und Verstand sind die bestimmenden Kräfte des Zustandes Vergangenheit, weshalb sich die aus der Kindheit resultierenden Probleme oft als Spannung und Konflikt zwischen Gefühls- und Verstandeskräften wahrnehmen lassen. Bei der Arbeit mit diesem Zustand kann es sehr nützlich sein, diese Kräfte des Selbst durch die Symbolgestalten »das Kind« und »der/die Erwachsene« greifbar zu machen.

Zu Beginn des Lebens nahmen wir überwiegend Gefühle wahr, waren also Kind. Erst im Laufe der Zeit entwickelte sich ein Verständnis davon, wie »Drinnen« und »Draußen« zusammenhängen, wie das Leben funktioniert. Wir begannen zu verstehen, und das war die Geburt des Verstandes, des Erwachsenen. Wir verstanden, welche Gefühle erwünscht und welche unerwünscht waren. Wir verstanden, welches Verhalten welche Reaktion der Umwelt nach sich zog, und entwickelten das unter diesen Umständen effektivste Verhalten. Zugleich entwickelten wir allgemeine Glaubenssätze und tiefe Überzeugungen vom Leben, die sich in unseren heutigen Gefühlen und Gedanken spiegeln.

Wir alle haben solche emotional und verstandesmäßig fundierte Überzeugungen verinnerlicht. Sie sagen uns, daß »man sich für Liebe aufgeben muß«, daß »man doch nicht bekommt, was man braucht«, daß »man aufgeben muß« oder andere, ebenso unwahre Wahrheiten. Wir glauben, daß das Leben wirklich so ist, aber diese Erfahrungen sind Erfahrungen der Vergangenheit und enthalten nicht die Wahrheit, sondern lediglich unser individuelles Verständnis des Lebens.

»Ich muß stark sein«, »Ich darf mich nicht zu sehr freuen«, »Ich muß brav sein«, »Ich darf nicht wütend sein«, »Ich bin häßlich«, »Ich darf nicht glücklich sein«, »Ich bin es nicht wert, geliebt zu werden« sind solche Überzeugungen, mit denen wir uns identifizieren. Jede dieser Überzeugungen schließt bestimmte Gefühle und Gedanken aus unserem Erleben aus. So schaffen wir eine innere Spaltung, die sich auf das gesamte Leben auswirkt, die Spaltung von Verstand und Gefühl, die Spaltung von innerem Erwachsenen und innerem Kind. Diese beiden Gestalten sind an allen Konflikten im Zustand der Vergangenheit beteiligt.

Es ist für viele Menschen überraschend, wie deutlich Kind und Erwachsener in Form von Gefühlen, Erinnerungen, Gedanken und Bildern Gestalt annehmen können.

Früher hatten die Eltern die Rolle des Erwachsenen und wir die Rolle des Kindes. Heute haben wir beides verinnerlicht und verhalten uns mit dem eigenen Verstand zu den eigenen Gefühlen, wie unsere Eltern sich zu uns verhielten.

Wir machen uns den gleichen Druck, den wir damals von den Eltern erfuhren, und lehnen die gleichen Seiten von uns ab, die damals durch sie abgelehnt wurden.

Wir nennen diese Art des unbewußten Umgangs mit uns selbst den Kontakt von dunklem Erwachsenen (verständnislose und lieblose Eltern) und dunklem Kind (das ungeliebte Kind). In der Arbeit mit dem Zustand Vergangenheit haben wir nun die Chance, uns mit dem Verstand zu den Gefühlen wie liebevolle und verständnisvolle Eltern zu ihren Kindern zu verhalten. Indem wir als *helle Erwachsene* Kontakt zu dem Kind aufnehmen, zu den eigenen Gefühlen also, seine Bedürfnisse anerkennen, ihm Unterstützung gewähren oder Grenzen zeigen, transformieren wir das dunkle Kind zum hellen Kind – zum Gefühl der Freude.

Diese Art, mit der Vergangenheit umzugehen, befreit uns zugleich von der Idee, wir müßten Vergangenheit und das Kind in uns loswerden oder hinter uns lassen. Wir können im Gegenteil die Vergangenheit nutzen, um innere Spaltungen zu erkennen und aufzuheben. Dann bereichern wir unser Leben um Spontaneität und Lebendigkeit und kehren zu der Individualität und Einzigartigkeit zurück, die wir mit auf diese Welt brachten.

Neukonstruktion der Vergangenheit – die persönliche Geschichte umschreiben

Liegt eine wesentliche Ursache unserer Probleme in der beschriebenen Spaltung von Gefühl und Verstand, dann heißt eine zu lösende Aufgabe der Vergangenheitsbewältigung, Gefühle und Verstand in Harmonie miteinander zu bringen.

Durch Erforschen der inneren Atmosphäre können wir die Deformierung der Wahrnehmung (der Druckwalze) erkennen und beginnen, sie aufzuheben. Wir durchleben vergangene Erlebnisse wie Geburt, Trennungen, Bestrafungen, Schmerzen, aber auch verschüttet geglaubte Lebensfreude, kindliche Unschuld und Liebe wieder.

Mit der Vergangenheit in Kontakt zu kommen, das verändert unsere Wahrnehmung. Indem wir heute etwas von damals mit den dazugehörenden Gefühlen wiedererleben, relativiert sich unsere Wahrnehmung, denn wir gewinnen auf diese Weise Distanz zu alten Überzeugungen. Wir erkennen, daß die Welt nicht wirklich so ist, sondern uns lediglich *damals* so erschien und manchmal heute noch so erscheint.

Und doch reicht pures Wiedererleben der Vergangenheit nicht aus. Wenn die Arbeit mit der Vergangenheit fruchtbar werden soll, müssen wir den vergangenen Situationen die Qualitäten hinzufügen, die wir als Kind nicht haben durften. **Anders ausgedrückt gilt es, das zu tun und zu sein, was damals gut war, nicht zu tun oder zu sein**.

Vielleicht sind wir von unseren Eltern geschlagen worden und haben eine harte Schale entwickelt, hinter der wir noch heute unsere Empfindsamkeit verbergen. Erst im geschützten Raum der Selbsterfahrung mag es gelingen, das zu tun, was wir als Kind nicht tun konnten oder nicht tun durften; unsere wahren Gefühle zu zeigen, unsere Wut und Verzweiflung und unser Bedürfnis nach Liebe. Vielleicht war es durchaus intelligent und notwendig, als Kind zu lügen, vor allem dann, wenn wir nicht tun durften, was wir entsprechend unserer Entwicklung eigentlich tun mußten. Es war ebenso klug, unsere sexuellen Bedürfnisse und Aktivitäten zu verstecken, wenn wir dafür bestraft wurden. Aber es ist unklug, das heute weiterhin zu tun. Unbewußt glauben wir immer noch, wir müßten uns verhalten wie damals, und ignorieren dabei, daß sich inzwischen alles verändert hat. Wir sind erwachsen geworden, die Menschen um uns herum sind andere.

In der Selbsterfahrung können wir sein, wie wir sind. Beispielsweise verhalten wir uns aggressiv und machen die Erfahrung, daß uns niemand böse ist. Im Gegenteil, Menschen kommen auf uns zu und drücken ihre Erleichterung darüber aus, uns so zu erleben. Oder wir öffnen unser Herz, und niemand lacht uns aus. Statt dessen erfahren wir Unterstützung und Anerkennung. So stellen wir unsere alten Überzeugungen auf den Kopf, können die persönliche Geschichte umschreiben und uns aus inneren Zwängen befreien. Die persönliche Geschichte umzuschreiben heißt, neue Überzeugungen zu entwickeln, die unser Leben besser funktionieren lassen.

Einige grundlegende, belastende und zumeist unbewußte Überzeugungen, die anscheinend zu unserem Kulturkreis gehören, lauten »Ich darf nicht fröhlich sein«, »Das Leben ist hart«, »Man muß sich anstrengen« und ähnlich. Gerade solche Überzeugungen führen dazu, daß Menschen Freude am Leben zurückhalten, weil »die anderen« es ihnen so beigebracht haben.

Freiheit von den anderen

Der Grundkonflikt der Vergangenheit läßt sich auch als Konflikt zwischen »mir« und »den anderen« darstellen. Vergangenheit zu bewältigen bedeutet demnach, Selbstbegrenzungen aufzulösen, die im Kontakt mit »den anderen« entstanden sind, denen wir als »Ich« gegenüberstanden und deren Forderungen und Druck wir oftmals nicht standhalten konnten.

Heute geht es darum, neu zu entscheiden, welche Grenzen wir zwischen uns und den anderen ziehen und welche wir öffnen wollen. Dabei entdecken wir, was zu unserem Wesen gehört oder was wir lediglich übernommen haben. Dies ist ein Prozeß der Selbstfindung, in dem wir Freiheit von Bewertungen und Verurteilungen gewinnen und den Mut finden, »wir selbst« zu sein. Darin besteht das eigentliche Ziel der Vergangenheitsbewältigung: Selbstwert aufzubauen und die Fähigkeit der Selbstbehauptung zu entwickeln.

Zusammenfassung

Die Symbolfiguren der ersten Ebene sind »das Kind« und »der/die Erwachsene«. Sie symbolisieren die Kräfte der Gefühle und des Verstandes und tauchen jeweils in dunkler oder heller Form auf. Ziel der Arbeit mit der Vergangenheit ist es, Gefühl und Verstand von ihrer dunklen in ihre helle Erscheinungsform zu transformieren, also durch den liebevollen und verständnisvollen Umgang mit sich selbst zu einem positiven Lebensgefühl zu finden.

7. Der Bewußtseinszustand Zukunft

In diesem Kapitel

- betrachten wir, wie Träume und Wünsche in das Leben der Menschen eingreifen,
- untersuchen wir die konkreten Botschaften von Träumen,
- erkunden wir die Visionsschwelle,
- begegnen wir Helden, Schatten und Magiern.

Thesen:

- **Unsere Träume und Visionen weisen auf etwas hin, das uns fehlt und das wir suchen.**
- **Ihre Bilder sind verschlüsselte Botschaften. Folgen wir ihren äußeren Symbolen, verfehlen wir ihren Kern.**
- **Um den Kern unserer Träume zu verwirklichen, müssen wir die Auseinandersetzung zwischen Angst und Lust bewußt führen. Dann erhalten wir die Freiheit der Wahl.**

Wie Zukunft auftaucht

Es kann vorkommen, daß Menschen von Visionen und in die Zukunft gerichteten Träumen »gepackt« und nicht mehr losgelassen werden. Solche Visionen können starke körperliche und emotionale Empfindungen hervorrufen. All das zusammen, die Bilder und die sie begleitenden Gefühle und Empfindungen, beschreiben den Bewußtseinszustand Zukunft.

Zu diesem Zustand gehören alle Arten von Tagträumen, wie Wünsche, Phantasien oder Vorstellungen, die sich auf die Lebensziele eines Menschen, seine beruflichen Pläne, seine familiären Sehnsüchte, sein Trachten nach Ruhm und Erfolg beziehen. Solche Tagträume bestimmen einen Großteil unserer Handlungen. Zwar drücken auch nächtliche Träume auf ihre eigene Weise aus, was im Leben eines Menschen geschehen will, doch es braucht Erfahrung, deren Botschaften zu erkennen. Wir glauben, daß die Visionen oder Tagträume das Leben eines Menschen weit mehr bestimmen als nächtliche Träume. Wir träumen mit offenen Augen von der großen Karriere, vom richtigen Liebespartner, von der Südsee, von erfüllter Sexualität, von der Million im Lotto . . ., und wir gebrauchen unsere Kraft zur Erfüllung dieser Tagträume.

Auch der Bewußtseinszustand Zukunft ist uns vertraut. Die meisten Menschen leben und arbeiten auf Ziele hin und orientieren sich damit an der Zukunft, auch wenn diese erst einmal nur als Vorstellung besteht. Die Verheißungen solcher Zukunftsvorstellungen lassen sich auf die Formel »Wenn . . ., dann . . .« bringen. Wenn ich den richtigen Partner gefunden habe, dann . . .! Wenn ich erst einmal der reichste Mann am Orte bin, dann . . .! Wenn ich Professor an der Universität bin, dann . . .! Wenn wir erst einmal unser Haus und zwei Kinder haben, dann ...! Wenn ich die Umsatzgrenze von 200 Millionen überschritten habe, dann ...! Wenn ich erleuchtet bin, dann ...!

Die Träume im Zustand Zukunft sind sozialer oder materieller Art, spirituelle Träume oder Liebesträume. Sie können große Macht ausüben, indem sie uns dazu bringen, etwas ganz Bestimmtes zu tun, ... zu heiraten, Häuser zu bauen, ein Geschäft zu eröffnen, einen bestimmten Beruf zu erlernen, eine Partnerschaft einzugehen, in ein Kloster zu gehen, Kinder in die Welt zu setzen, zu stehlen ...

Traumbotschaften

Wir sollten unsere Visionen nicht ignorieren oder als Träumerei und Spinnerei abtun, auch wenn sie mitunter sehr phantastisch erscheinen mögen. Auch der gewagteste Traum beinhaltet wertvolle Botschaften, denn wir können nur von etwas träumen, das in unserem gegenwärtigen Leben nicht enthalten ist, das aber erlebt werden will.

Der Zustand Zukunft weist auf etwas hin, das uns fehlt, das sehr wichtig für uns ist und das sich bereit macht, in unser Leben einzugreifen.

Dies ist immer eine Fähigkeit oder Qualität, die durch den gegenwärtig vorherrschenden Lebenskontext aus unserem Erleben ausgeschlossen ist. Verdrängte Energien benutzen nun einen Trick, um auf sich aufmerksam zu machen. Sie täuschen das Normalbewußtsein, indem sie sich in Bildern verstecken und diese auch noch in die Zukunft verlagern. Durch diese Vision verlieren die verdrängten Seiten des Selbst an Bedrohung, denn als

Traumbilder erscheinen sie in so weiter Entfernung, daß wir sie ansehen können.

Beispielsweise könnte jemand davon träumen, einmal zu boxen und bei einem Boxkampf zu siegen. Die gesuchte Fähigkeit hinter diesem Traum könnte darin bestehen, sich im Alltag besser durchzusetzen, was derjenige sich auf seine konkrete Situation bezogen aber nur schwer vorstellen könnte.

Neben der Vorbereitung einer konkreten Zukunft liegt die Bedeutung von Träumen also in Informationen, die sie über unsere jetzige Situation und unseren momentanen Zustand geben. Der Traum Urlaub taucht vor allem auf, wenn wir viel arbeiten, erschöpft sind und zu wenig Zeit für unser Bedürfnis nach Entspannung haben. Sind wir *etwas* erschöpft, träumen wir von sechs Wochen Urlaub am Mittelmeer. Empfinden wir unsere *gesamte* Arbeit als sinnlos und lustlos, träumen wir von einem Jahr Urlaub in der Südsee oder davon, »ganz« auszusteigen und »für immer« ans andere Ende der Welt zu gehen.

Hinter den Bildern einer fernen Zukunft verbirgt sich eine konkrete Botschaft. Diese offenbart sich, wenn wir den Bewußtseinszustand Zukunft ernst nehmen und uns in seine Bilder und Zustände hineinbegeben. Das geschieht beispielsweise, indem wir in einer leichten Trance die Zukunft so erleben, als ob sie jetzt gerade geschehe.

Begleiter: Wenn du der reichste Mann am Ort bist, was ist dann mit dir?

Klient: Dann wohne ich in einem großen Haus, oben auf dem Berg, mit Blick auf das Tal. Ich sitze auf der Veranda und schaue hinunter.

Begleiter: Während du da sitzt und schaust, was erlebst du da? Was ist dann mit dir?

Klient: Ich brauche nichts zu tun, denn alles kommt zu mir. Ich lasse die Dinge auf mich zukommen.

Begleiter: Wenn du die Dinge auf dich zukommen lassen kannst, was ist dann mit dir?

Klient: Ich kann mir Zeit lassen, kann vertrauen.

Das ist es, was dieser Klient konkrekt sucht: den Zustand und die Erfahrung des Vertrauens. In seinem Alltag lebt er in einer Atmosphäre der »Unsicherheit«. Die Botschaft des Traumes lautet: »Laß dir Zeit, laß die Dinge auf dich zukommen, vertraue, vertraue dich dem Leben mehr an.« Um das zu tun, braucht der Mann nicht erst reich zu werden. Wenn er andere Möglichkeiten findet, zu entspannen und zu vertrauen, werden die Vorstellungen vom vielen Geld verschwinden, und er wird Ruhe finden, anstatt sich in Träumen zu verlieren. Wenn dieser Mann mit der Erfüllung des Bedürfnisses »zu vertrauen« wartet, bis er der reichste Mann am Ort ist, wird er die ersehnte innere Ruhe wahrscheinlich nie finden. Denn selbst wenn er durch Druck und Hetze zu Reichtum gelangte, hätte er es versäumt, den Kontext »Vertrauen« oder »Sicherheit« herzustellen – er wird seinen Reichtum nicht in Ruhe und Vertrauen genießen können. Er wird vielmehr die gleichen alten Ängste und Unsicherheiten erleben, nur werden sie sich jetzt auf sein Geld beziehen.

Die Botschaft eines Traumes offenbart sich, wenn wir entdecken, mit welchen Qualitäten und Fähigkeiten der Traum uns verbinden will und welches unserer verborgenen Potentiale sich verwirklichen will.

Die Versuchung der Zukunft liegt darin, die Erfüllung der Träume ausschließlich in die Ferne zu verlegen. Die Botschaft des Zukunftstraumes gilt aber jetzt, und wer sie verpaßt, läuft Gefahr, von seinen Bildern verfolgt und nicht mehr losgelassen zu werden. Dann können Träume ins Unendliche wachsen, und Menschen werden mitunter von ihnen besessen. Dann braucht das neue Auto 200 PS, 300 PS, 500 PS ... und trotzdem stellt sich das Glück nicht ein. Wer jedoch die konkrete Botschaft seiner Vision aufgreift, wird nicht auf die Erfüllung eines Traumes warten oder seinen Träumen hinterherlaufen müssen. Er wird schon in der Gegenwart etwas von dem erleben können, was der Traum verspricht.

Wir sollten Träume entschlüsseln, sonst fallen wir auf ihre äußeren Bilder herein und verpassen die innere Botschaft, den Kern der Träume. Jeder kennt Menschen, die ihre Träume äußerlich verwirklichen, Häuser bauen, Erfolg haben, Stars werden, reich, berühmt oder mächtig, die jedoch den Kern ihrer Träume verpassen. Diese Menschen haben ein äußeres Ziel erreicht, sind aber am inneren Ziel vorbeigegangen. Sie haben eine Sache erreicht, aber die innere Atmosphäre, ihr Lebenskontext, bleibt unverändert. Sie haben mehr bekommen, aber sich selbst nicht verändert.

Es ist jedoch der Kontext, in dem wir etwas erleben, der über den Wert dieser Sache oder Erfahrung entscheidet, nicht die Sache selbst. Wenn ein Mensch im Kontext »Sinnlosigkeit« lebt, erlebt er vor dem Reichtum seine Armut als sinnlos, und wenn der Reichtum da ist, wird das viele Geld für ihn ebenso sinnlos sein wie zuvor die Armut. Wer jedoch aus einem Kontext der Sinnhaftigkeit lebt, verliert auch durch eintretende Armut seinen Lebenssinn nicht.

Träume ignorieren

Wir träumen von etwas, das in uns ist und das gelebt werden will. Deshalb verraten Träume, worauf es in unserem Leben ankommt, aber sie sagen es indirekt. Den äußeren

Bildern seiner Visionen blind zu folgen, ohne die Kernbotschaft zu entdecken, kann fatal sein. Doch ebenso schwerwiegend kann es sein, einen Traum auf Dauer zu ignorieren. Dann wächst seine Faszination, und der Mensch erliegt dem Bann des Traumes. In diesem Zustand kann er »Dummheiten« begehen, die sein Leben radikal verändern und so den Rahmen seiner Identifikation sprengen.

Gerhard lebte zwölf Jahre mit seiner Frau in einer engen Beziehung. Ihrer partnerschaftlichen Überzeugung entsprach es, für Harmonie und Frieden in der Ehe zu sorgen und alles voneinander fernzuhalten, was zu Streit führen konnte. So blieben viele Dinge unausgesprochen, und im Laufe der Jahre wurde die Luft dick und die Atmosphäre der Ehe eng. Gerhard entwickelte Phantasien von Erlebnissen mit anderen Frauen, die schließlich so stark wurden, daß er sich auf eine heimliche Beziehung mit der Freundin seiner Frau einließ. Als aus dieser Beziehung ein Kind entstand, kam alles heraus.

Die Identifikation mit seiner Idee einer harmonischen Beziehung und seine Angst vor Konflikten hatten Gerhard gezwungen, »nett« und »rücksichtsvoll« mit seiner Frau umzugehen. All das, was ihn in der Beziehung mit ihr störte, was ihm fehlte und ihn verletzte, äußerte er nicht. Aber in seinen Träumen setzten sich seine Sehnsucht und der Drang nach Freiheit durch. Der Traum übernahm schließlich Gerhards Handlungen. Da er nicht »rücksichtslos« sein und offen über sich sprechen konnte, schuf der Traum ein unübersehbares Zeichen der Unzufriedenheit, eben jenes Kind. So war Gerhard gezwungen, zur Sprache zu bringen, was ihm in seiner Ehe nicht gefiel.

Da Gerhard und seine Frau sich nicht trennen wollten, suchten sie die Partnerberatung auf und begannen einen schwierigen und langwierigen Prozeß, der zu Verständigung im Kontext von Offenheit und Ehrlichkeit führen sollte. Dieses Beispiel zeigt, wie stark verdrängte Energien sein können und wie sie sich unabhängig vom Bewußtsein durchsetzen: obwohl Gerhard sich nicht verlieben wollte, und schon gar nicht in die Freundin seiner Frau, geschah es eben doch.

Träume verwirklichen

Wenn wir Träume ignorieren, wachsen sie zu größeren Bildern an und lassen stärkere Gefühle entstehen. Oft reicht es auch nicht aus, nur ihre Botschaft zu entschlüsseln und sie zu verstehen. Manchmal müssen wir Träume ganz oder teilweise verwirklichen, um unmittelbar und real am eigenen Körper die Zustände zu erfahren, mit denen uns unsere Träume verbinden wollen.

Birgitt, eine Frau im Alter von 37 Jahren, wurde seit Jahren vom Traum eigener Pferde begleitet. Eines Tages erfüllte sie sich einen Teil des Traumes und kaufte sich, zwar nicht mehrere, aber doch ein Pferd. Was geschah daraufhin für Birgitt? Die Pflege des Pferdes und das Reiten gaben ihr »einen eigenen Lebensbereich«, in dem bestimmte von ihr bis dahin vernachlässigte Fähigkeiten herausgefordert wurden. Sie mußte lernen, sich durchzusetzen, bestimmt zu sein, zu führen und zu lenken. Sie kam in Verbindung mit einer Kraft, die sie »im Leben stehen« nennt.

Reiten versetzte sie in eine Atmosphäre der »Eigenständigkeit« und »Unabhängigkeit«, den sie in ihrem Alltag als Hausfrau vermißte. In einer Sitzung luden wir sie ein, in der Phantasie durch diesen Alltag zu reiten. Jetzt erlebte

Birgitt sich dort auf eine neue, eigenständige und bestimmende Weise. Sie ritt einige Dinge, die ihr nicht gefielen, »über den Haufen«, gab Kommandos und setzte sich durch – auch ihren halbwüchsigen Kindern gegenüber. Als sie zu Pferd ins Schlafzimmer ritt, räumte sie in dieser Phantasie mit einer halbherzigen Sexualität auf, in der sie viele Dinge »mitmachte« und über sich »ergehen ließ«, die ihr nicht gefielen.

Die Phantasie öffnete und erweiterte Birgitts Vorstellungskraft, indem sie neuentdeckte Fähigkeiten in Lebensbereiche übertrug, in denen diese ihr bisher nicht zur Verfügung standen. Jetzt kann ein Prozeß der Integration dieser Fähigkeit in den Alltag beginnen, in dem Birgitt sicherlich noch oft ihrer Angst begegnen und die Auseinandersetzung an der Schwelle führen wird. Sollten die mit dem Reiten verbundenen Fähigkeiten und Qualitäten eines Tages ganz in Birgitts Alltag integriert sein, könnte die Faszination des Reitens schwinden.

Die Visionsschwelle

Der Bewußtseinszustand Zukunft zeigt uns eine faszinierende Welt, weckt unsere Leidenschaft und will uns durch seine Bilder und Versprechungen über eine innere Schwelle hinwegheben, an der wir im konkreten Leben allzu oft hängenbleiben: über die Schwelle der Vision.

Die Visionsschwelle ist eine Begrenzung unserer Vorstellungskraft, ein Hindernis, das uns vom Erreichen der Zukunft trennt und uns in einer bestimmten Realität festhält. Diese Schwelle trennt uns vom Versuch, die Zukunft und ihre Kernbotschaften zu verwirklichen.

Als ich mein erstes Buch schreiben wollte (Mary), schilderte ein Kollege seine Sicht der Vorgänge. »Stell dir vor, wie viele Manuskripte ein Verlag bekommt. Sicher sind es Hunderte pro Jahre. Die meisten werden gar nicht gelesen, und wenn, dann werden Bücher bekannter Autoren verlegt. Ich glaube nicht, daß ein Verlag dein Buch nimmt.«

Dieser Mann war dem Buch oder mir keineswegs schlecht gesonnen. Er konnte sich lediglich nicht vorstellen, daß das erste Buch eines unbekannten Autors vom ersten Verlag genommen würde. Das bedeutete aber nicht, daß er keinerlei Vorstellungen hatte. Er konnte sich sehr gut vorstellen, daß das Buch abgelehnt werden würde, und in dieser Vorstellung spiegelten sich wahrscheinlich persönliche Erfahrungen wider. Hätte ich vor der gleichen Visionsschwelle gestanden, ich hätte das Manuskript zweitens nicht abgeschickt und das Buch erstens nicht geschrieben. Was geschah? Zwei Verlage wollten das Buch. Inzwischen hat sich Schreiben zu einem zweiten Beruf entwickelt.

Die Visionsschwelle zeigt sich in Äußerungen wie: »Das kann ich mir nicht vorstellen.« Dabei ist dieser Satz in sich absurd, denn indem jemand beispielsweise sagt: »Ich kann mir nicht vorstellen, alleine durch den Dschungel zu wandern«, hat er diese Vorstellung schon durchlaufen. Allerdings hat er sie negativ erlebt. Er stellte sich vor, sich in der Wildnis zu verlaufen, von Schlangen gebissen zu werden, zu hungern etc.

Diese Vorstellung ist ein *dunkler Traum*, der von Ängsten und Befürchtungen genährt wird. Um etwas Neues in das Leben zu bringen, bedarf es jedoch eines hellen Traumes und der Verwegenheit, sich das bisher Unvorstellbare vorzustellen. Die Eintrittskarte für eine neue Zukunft, die nicht bloß Reproduktion der Vergangenheit ist, bekommt, wer folgender Aussage zustimmen und sich entsprechend verhalten kann:

Neues kann in unserem Leben erst geschehen, wenn wir es uns vorstellen können.

So wie ein Erfinder zumindest eine ungefähre Vorstellung seiner Erfindung braucht, bevor er mit ihrer Realisation beginnen kann, brauchen wir eine Vision, um aus anfänglichen Ideen spätere Realität entstehen zu lassen. Zu Beginn ist jede neue Vorstellung nur ein Traum, an dem nichts Reales haftet – eben eine Phantasie. Aber diese Phantasie kann Wirklichkeit werden. Zwar muß sie sich nicht zwangsläufig erfüllen, nur weil wir sie träumen, aber ohne zuvor geträumt zu werden, kann sie sich auf keinen Fall erfüllen.

Die Visionsschwelle ist zugleich Handlungsschwelle, denn solange wir uns ein Ziel nicht vorstellen können, werden wir keinen Schritt in diese Richtung tun und schon deshalb niemals dort ankommen. Wenn ein Traum jedoch stark genug ist, überschreiten wir die Handlungsschwelle und gehen auf unsere wirklichen Ziele zu. Das sind Augenblicke, in denen Veränderung beginnt und Helden geboren werden.

Helden und Schatten

Helden und Dämonen (Schatten) sind Symbolgestalten, die uns helfen können, die Vorgänge des Bewußtseinszustandes Zukunft zu verstehen und zu nutzen.

Die Helden unserer Mythen und Märchen brachen aus einem Alltag auf, in dem ein bestimmtes Bedürfnis unbefriedigt bleibt. Sie zogen in die Ferne, erlebten Abenteuer, reiften und veränderten sich, wurden belohnt und kehrten schließlich als ein neuer Mensch in ihr Königreich zurück. Sie suchten Gold, Macht, Weisheit oder Liebe. An diesen Zielen hat sich nichts geändert. Auch wir suchen erfüllte Beziehungen, Reichtum, Erkenntnis oder Glück.

Helden symbolisieren unsere Sehnsucht nach Erweiterung und Bereicherung des Lebens. Sie suchen etwas und kämpfen für etwas, das uns fehlt, sind also Symbolfiguren unserer Lust und Freude.

Wie die mythischen Helden, so müssen auch moderne Helden Taten vollbringen, um das Ziel zu erreichen. Allerdings genügt es nicht, irgend etwas zu tun. Es kommt auf die Qualität unserer Taten an.

»In unseren Taten verwirklicht sich die Kraft des Lebens, oder sie wird darin gebrochen.«[7]

Dieser Satz, so einfach er scheinen mag, kann, wenn er begriffen wird, ein ganzes Leben verändern. Nach der Definition von Campbell gibt es zwei unterschiedliche Konsequenzen, zu denen Handlungen führen können. Zum einen können wir handelnd zur Entfaltung unserer Lebenskraft beitragen, zum anderen können wir handelnd unsere Lebenskraft zerstören.

Der Held baut Lebenskraft auf, der Schatten, der Gegenspieler des Helden, zerstört sie. Heldentaten sind Handlungen, die auf der Lust zur Selbstentfaltung beruhen, während Schattentaten aus unserer Angst erwachsen. Eine Heldentat kann es beispielsweise sein, dem Partner die Wahrheit zu sagen, wenn wir bisher aus Angst geschwiegen oder ihn belogen haben. Lügen wäre dann die Tat des Dämonen. Lügen wir weiterhin, wird das Lügengebäude eines Tages zusammenfallen. Dann haben wir selbst durch die Tat der Lüge die Kraft des Lebens, in diesem Fall die Liebe in der Partnerschaft, zerstört oder beschädigt.

Heldentaten sind also nicht durch die Art der Handlungen definiert, sondern durch die Bedeutung, die Handlungen für einen Menschen haben. Beispielsweise wäre es für einen gewohnheitsmäßigen Schläger eine Heldentat, einen Gegner *nicht* zu verprügeln, sondern in Ruhe zu lassen. Für einen Menschen, der sich bisher herumstoßen ließ, kann es eine Heldentat sein, sich zu wehren und vielleicht auch einmal zuzuschlagen.

Wir können ein Geschäft aus Lust oder aus Angst eröffnen: aus der Lust am Verkaufen und am menschlichen Kontakt, oder aus der Angst, mit einer anderen Arbeit nicht genug zu verdienen. Machen wir es aus Lust, dann folgen wir der Freude und erleben Erfüllung durch diese Arbeit und die Kontakte, die sie mit sich bringt. Betreiben wir das gleiche Geschäft jedoch aus Angst, werden wir uns mit dieser Tätigkeit unwohl fühlen, durch die sich ergebenden Beziehungen genervt und frustriert werden und unsere innere Kraft und Lebensfreude gebrochen haben – selbst wenn wir viel Geld verdienen.

Was immer sie konkret bedeutet, in jedem Falle besteht eine Heldentat in etwas, das wir bisher aus Angst nicht zu tun wagten und doch am liebsten täten.

Ingeborg, eine von ihrer Ehe enttäuschte Ehefrau, hatte vom Ehedrama »die Nase voll«. Sie entwickelte eine Heldengestalt, der sie den Namen »Leichtigkeit« gab. Anstatt ihre Kraft weiterhin in anstrengenden und sinnlosen Versuchen zu verschwenden, ihren Mann zu ändern, hob sie eine größere Summe von ihrem Konto ab und gab das Geld nur »für mich« aus. Davon, »mir etwas zu gönnen«, hatte sie zwar lange geträumt, es sich aber über viele Jahre hindurch nicht getraut. Diese Heldentat unterstützte sie in dem Entschluß, »es mir gutgehen zu lassen und aus meinem Leben etwas zu machen«.

Helden handeln und folgen ihrer individuellen Wahrheit. Nicht immer erreichen sie dabei ihr konkretes Ziel, nicht immer finden sie Gold oder den Stein der Weisen. Doch was immer die konkreten Ergebnisse einer Heldentat sind, ob der Held sein Ziel erreicht oder nicht, Heldentaten werden in jedem Fall belohnt: durch die Erfahrung, das zu sein, was man ist, und dafür einzustehen. Durch die Erfahrung also, »man selbst« zu sein.

Sobald Helden ihren Visionen entsprechend handeln, tauchen Schatten oder Dämonen als ihre Gegenspieler auf und versperren ihnen den Weg. Diese Schatten, auch Hüter der inneren Schwelle genannt, sind Symbolfiguren unserer Angst vor Veränderung und der Tendenz, am Alten, scheinbar Sicheren, festzuhalten. Dämonen reden uns ein, »besser bescheiden zu bleiben«, »kein Risiko einzugehen«, »so etwas tut man nicht«, »sei vernünftig«, »dafür bist du zu alt«, »paß dich lieber an« usw.

Folgen wir vorwiegend solchen Ängsten, brechen wir unsere Lebenskraft und werden die Konsequenzen in Form von Langeweile, Unzufriedenheit, Zwietracht oder gar Krankheit tragen. Wer von seinem Schatten beherrscht wird, handelt gegen sich selbst, indem er Veränderung unterdrückt. Schatten oder Dämonen brechen unsere Lebenskraft jedoch nicht absichtlich. Auch sie sind Teile des ganzen Selbst und wollen im Grunde etwas Gutes für uns tun.

Gertrud, eine 28jährige Frau, gab ihrem Schatten die Gestalt eines stacheligen Kaktus. So wurde sie oft auch von ihren Freunden beschrieben: kratzbürstig, stichelnd und verletzend. Natürlich mochte Gertrud diese Seite von sich nicht, denn der Kaktus bescherte ihr Isolation. Die Menschen fürchteten seine Stacheln und zogen sich zurück. Als Gertrud den Kaktus darstellte, erkannte sie jedoch die positive Fähigkeit dieses ungeliebten Teiles: Er kann mir »Leute vom Leibe halten«, indem er zusticht und auf diese

Weise »nein sagt«. Genau das, offen und ungezwungen nein zu sagen, fällt Gertrud in ihrem Leben überaus schwer. Sobald jemand mit einem Wunsch oder Anspruch auf sie zukommt, gerät sie unter Druck und fühlt sich dem anderen verpflichtet. Gertrud befindet sich in einem Grenzziehungskonflikt. Sie fühlt sich verpflichtet, für jeden und alles offen zu sein, und kann »Menschen nicht wegschicken, die mir auf die Nerven gehen«. Ihr bewußter Teil kann nicht nein sagen, also muß das Unbewußte in Gestalt des Kaktus diese Arbeit tun. Der Dämon ist also im Grunde genommen ein Freund. Er tut etwas für Gertrud, wenn auch die Art und Weise, in der er es tut, ihr zugleich schadet.

Der Schatten wird arbeitslos, wenn Gertrud Wege findet, nein zu sagen, ohne ein schlechtes Gewissen zu haben oder andere Menschen zu verletzen. Diesen Weg kann ihr die Heldin zeigen, die sie als »das aufrechte und tanzende Leben« beschreibt und der sie die Gestalt einer spanischen Tänzerin gibt. Diese Heldin kann »selbstbewußt Dinge tun und offen nein sagen«.

Dämonen verfolgen immer positive Absichten, aber sie bewirken unerwünschte Ergebnisse und ungewollte Nebeneffekte. Elisabeth, eine 65jährige Klientin, erkannte, daß sie zeitlebens eine Kämpferin gewesen war. Sie kämpfte gegen jeden und alles aus der Angst, unterzugehen, denn sie unterstellte den meisten Menschen schlechte Absichten und brachte ihnen Mißtrauen entgegen. »Ich habe mich immer von Ketten gefesselt gefühlt, die um meine Arme liegen. Ich habe mein Leben lang die Ellenbogen dagegen gestemmt und versucht, diese Ketten zu sprengen.«

Elisabeths Kämpfen entstand aus der Angst vor Unterdrückung. Der Schatten, dem sie die Gestalt eines Rebellen gab, versuchte zwar, sie zu schützen, machte Elisabeth aber zugleich für viele Menschen bedrohlich. Eine bessere Handlungsalternative konnte die Heldin bieten: »Dabei brauche ich nur auszuatmen, und die Ketten fallen herunter. Ich habe angefangen, mich aufzublasen, als mir die Ketten in der Kindheit angelegt wurden. Später habe ich vergessen, auszuatmen.« Die Heldentat dieser Frau war es, zu entspannen und zu realisieren, daß die meisten Menschen sie nicht bedrohen, sondern mögen, und Vertrauen zu diesen Menschen zu entwickeln.

Viele Menschen bleiben aus Angst in Situationen, die ihnen nicht oder nicht mehr entsprechen. Sie hören auf die Einschüchterungen des Dämons: Bleib bei dieser Arbeit – die ist besser als keine; bleib bei diesem Partner – wer weiß, ob du noch mal einen anderen findest; wehr dich nicht – du ziehst doch den kürzeren; laß die Finger von der Liebe – du wirst doch nur enttäuscht.

Folgen wir dem Dämon, bewegen wir uns in den Strukturen der Vergangenheit und bleiben vor alten Schwellen stehen. Heldentaten helfen über diese Schwellen hinweg. Sie befähigen uns, die Lebenskraft *trotz* Angst und Hemmung für die Erfüllung unserer Träume und Ziele einzusetzen. Anstatt ihre Kräfte beim Aushalten in unbefriedigenden Situationen zu verbrauchen, nehmen Helden ihren Mut zusammen, um der Angst zu begegnen und den Schritt über die Schwelle zu tun – den Schritt in Richtung auf ihre Lebensziele.

Held und Schatten entstehen, wenn sich die Gefühls- und Verstandeskräfte verbinden. Wenn sich unsere emotionale Sehnsucht mit unserem verstandesmäßigen Wissen verbindet, beginnen wir, kreativ zu werden. Verbinden sich das helle Kind und der helle Erwachsene, entsteht die Kraft der Konstruktivität, der Held. Verbinden sich dunkles Kind und dunkler Erwachsener, entsteht die Kraft der Destruktivität, der Dämon.

Held und Dämon symbolisieren unsere kreativen Kräfte, die Fähigkeiten, aufzubauen oder zu zerstören. Sie führen einen ständigen Kampf in unserem Inneren, einen Kampf für etwas und gegen etwas.

Ein Großteil der kreativen Kraft der Menschheit hat sich seit jeher in Kriegen und Techniken der Zerstörung entfaltet. Wäre dieser immense Erfindungsreichtum in helle Träume geflossen, diese Erde müßte einem Paradies gleichen. Wir können die immense atomare Aufrüstung der letzten Jahrzehnte ohne weiteres als Folge der Handlungen eines gesellschaftlichen Dämons werten, nämlich unserer Angst vor Vernichtung. Aus dieser Angst heraus haben wir tiefe Gräben zwischen uns und unseren Nachbarn gezogen und uns von ihnen getrennt. Gerade dadurch aber haben wir die Wahrscheinlichkeit eines Krieges heraufbeschworen.

Eine Heldentat der reichen Welt könnte es sein, ihren Reichtum mit der armen Welt zu teilen. Dafür müßten wir jedoch den Dämon der Angst überwinden, der uns einredet, wir bräuchten materielle Dinge mehr als Liebe und Verbundenheit.

Der Magier

In den Menschen, zwischen den Menschen und zwischen den Nationen tobt der Kampf von Freude und Angst.

Held und Schatten versuchen beide, den Kampf zu gewinnen. Doch das kann nicht gelingen, denn beide sind gleich stark, weil sie ihre Kräfte aus der gleichen Quelle, der Kreativität, beziehen. Es wäre auch nicht gut, wenn der Held die Angst nicht nur überwinden, sondern auslöschen könnte.

Der Dämon »Schüchternheit« beispielsweise kann uns permanent zurückhalten und uns dadurch viele Nachteile bescheren. Trotzdem handelt es sich auch bei Schüchternheit um eine Fähigkeit, die Fähigkeit nämlich, sich zurückzuhalten. Diese Fähigkeit zu haben kann unter bestimmten Umständen sehr wünschenswert und vorteilhaft sein. Wären wir in der Lage, den Dämon »Schüchternheit« zu vernichten, verlören wir auch die Fähigkeit der Zurückhaltung, und das könnte uns dann an anderer Stelle in Schwierigkeiten bringen.

Will der Held in das Land der Zukunft gelangen, muß er dem Schatten begegnen und »vom Blute des Dämonen schmecken«[8]. Da er den Hüter der Schwelle nicht vernichten kann, muß der Held ihn in sich aufnehmen und sich so seine Kräfte und Eigenschaften einverleiben. Das geschieht, indem er die positiven Eigenschaften und Absichten des Schattens erkennt, würdigt und andere, bessere Wege findet, sie zu verwirklichen.

Held und Schatten sind gleich stark. Das heißt, wir sind nicht mächtiger als das Unbewußte, das wir durch Identifikation und Einseitigkeit ja selbst geschaffen haben. Wir müssen das Unbewußte berücksichtigen, ihm Platz im Leben geben, sonst kommen wir nicht weiter, sonst kommt es nicht zu einer Erweiterung, sonst können wir uns nicht verändern. Die »alten Weisen«, die Erzähler unserer Mythen, verfügten lange vor der Entstehung der Psychologie über dieses Verständnis von Transformation und Veränderung. Sie wußten, daß Transformation durch die Verbindung bewußter und unbewußter Kräfte geschieht und daß das eigentliche Ziel ihres Kampfes darin besteht, sich zu versöhnen und den Menschen ganz werden zu lassen.

Durch die Auseinandersetzung von Lust und Angst, von Held und Schatten und die transformierende Versöhnung dieser Kräfte entsteht eine neue Gestalt – der Magier. Er ist weder Held noch Schatten und dadurch weder auf das eine noch das andere Verhalten festgelegt. Der Magier hat Bewußtheit über und Verantwortung für seine Handlungen, denn er trifft eine bewußte Wahl zwischen Angst oder Lust.

Das Ergebnis und Ziel der inneren Auseinandersetzung zwischen Lust und Angst besteht darin, die Freiheit der Wahl zu erlangen.

Der Magier weiß, was er tut, und kann unserem Leben Sinn und Richtung geben.

Um an das oben angeführte Beispiel der Schüchternheit anzuknüpfen, können wir sagen: Es ist schlecht, sich zurückhalten zu *müssen* und sich damit in den Händen eines Dämons zu befinden, aber es ist gut, sich zurückhalten zu *können.* Es ist schlecht, spontan sein zu müssen, aber es ist gut, spontan sein zu können. Der Magier ist weder zu dem einen noch dem anderen Verhalten gezwungen. Er entscheidet aufgrund einer konkreten Lebenssituation. Er hat die Fähigkeit, etwas zu sagen oder zu schweigen aus freiem Entschluß. Nicht immer ist es gut, Heldentaten zu vollbringen. Manchmal kann es durchaus besser sein, einer Angst zu folgen. Wenn wir beispielsweise bedroht werden und dieser Bedrohung aus Angst ausweichen, kann das sehr sinnvoll sein.

Der Magier kann entscheiden. Diese Freiheit der Wahl stellt wirklich etwas Neues und damit eine echte Kontexterweiterung dar. Wer seinen Heldenvisionen treu bleibt und die Auseinandersetzung mit seiner Angst führt, schafft einen neuen Kontext in seinem Leben. Er macht den Schritt von »Zurückgezogenheit« zu »Offenheit«, von »Wertlosigkeit« zu »Selbstbewußtheit«, von »Verlogenheit« zu »Ehrlichkeit«. Er stirbt den kleinen Tod der Angst, um ein ganzes Königreich zu gewinnen.

So wie die Arbeit mit innerem Kind und innerem Erwachsenen Kontexterweiterung auf der Ebene der Vergangenheit ist, stellt die Arbeit mit Held und Schatten Kontexterweiterung auf der Erwachsenenebene dar.

Tatsächlich können wir neue Lebenskontexte kreieren, ohne uns mit den Ereignissen der Kindheit auseinanderzusetzen. Wir können es hier und heute machen, in allen Bereichen unseres Lebens. Arbeit und Beruf, menschliche Beziehungen und Partnerschaften, Politik, Kultur und Gesellschaft sind Bereiche, die wir mit der Kraft unserer Kreativität gestalten und verändern können.

Es gibt in Therapie und Selbsterfahrung die verbreitete Ansicht, man müsse auf jeden Fall die Vergangenheit aufarbeiten, um im Leben weiterzukommen. Diese Aussage trifft in ihrer Pauschalität nicht zu. Vergangenheit will bearbeitet werden, wenn dieser Zustand in unserem Leben auftaucht. Doch in bestimmten Lebensphasen kann es schaden, sich mit ihr zu befassen, weil uns das von bestimmten, notwendigen Handlungen abhalten kann.

Es gibt eine richtige Zeit für alles. Oft müssen Menschen ein bestimmtes Alter erreichen, bevor die Aufarbeitung der Vergangenheit ihr Leben bereichern und erweitern kann. In den Jahren davor geht es für viele vielleicht darum, Held/Heldin zu sein, Ziele zu erreichen und Erfahrungen zu machen. Wenn wir dann merken, daß wir bestimmte Fehler immer wieder begehen, dem Dämon Angst erliegen und wieder in bestimmte Sackgassen geraten, wird die Aufarbeitung der Vergangenheit sinnvoll und spannend.

Wir sollten mit Bewußtseinszuständen nie mechanisch umgehen, sondern ihnen folgen, wie sie im Alltag auftauchen. Das Unbewußte, das Selbst zeigt uns stets Wege und

Richtung einer Veränderung. Wir können ihm vertrauen und folgen. Die Träume des Bewußtseinszustandes Zukunft bieten dafür eine hervorragende Möglichkeit.

Zusammenfassung

Die Symbolfiguren des Bewußtseinszustandes Zukunft sind »Held« und »Dämon«. Der Dämon wird auch als Schatten bezeichnet. Held und Dämon symbolisieren die Kräfte der Kreativität in ihrer hellen, konstruktiven und dunklen, destruktiven Erscheinungsform. Versöhnen sich diese Kräfte, entsteht die Gestalt des Magiers, der Symbol einer neuen Fähigkeit und damit einer Erweiterung der inneren Atmosphäre ist.

8. Der Bewußtseinszustand Gegenwart

In diesem Kapitel

- beschreiben wir Energiephänomene,
- überqueren wir die Zeitschwelle,
- begegnen wir den Symbolgestalten Mann und Frau,
- gehen wir auf die Bedeutung von Sinnlichkeit und Sexualität für unser Erleben ein.

Thesen:

- **Das Leben erscheint sinnlos, wenn wir es zu wenig sinnlich erfahren.**
- **Wir brauchen Zustände frei von Vergangenheit und Zukunft, frei von der Zeit, um im Augenblick anzukommen und zu erleben.**

Wie Gegenwart auftaucht

Halten wir uns weder in Erinnerungen noch in Träumen auf, befinden wir uns im Bewußtseinszustand Gegenwart.

Wir nennen diesen Zustand auch den *Energie*zustand, weil seine Erscheinungsformen nicht an Erinnerung oder Vision gebunden sind, sondern als sinnlich-energetische Phänomene des Augenblicks auftauchen. Solche visuellen, körperlichen oder emotionalen Vorgänge eröffnen, folgt man der in ihnen verborgenen Lust, manchmal unerwartet Zugang zu verschütteten Fähigkeiten.

Astrid war eine junge Frau, die mit Atembeklemmungen zu uns kam. Sie beschrieb diese Körperempfindung: »Als ob mich jemand einschnüren will und ich ersticken muß.« Diese Anfälle von Atemnot waren von großer Angst begleitet. In den Sitzungen näherten wir uns langsam dieser Angst, indem wir Astrid (mit ihrer Erlaubnis) körperlich beengten. Nachdem sie eine Phase anfänglicher Panik durchlebt hatte, fing Astrid an, den Begleiter wegzudrücken und abzuschütteln, wobei sie mit großer Lust wütete und fluchte, um sich trat und boxte. Sie verschaffte sich Raum und machte sich »Luft«. Zugleich mit dieser Wut tauchten Menschen auf, von denen sie sich bedrängt fühlte, und sie begann, auf ihren Mann und die Familie zu schimpfen.

Wir tauschten die Rollen, und Astrid versuchte nun, den Begleiter einzuengen und einzuschnüren. Diese Form der »Gemeinheit« machte ihr zunehmend Spaß. Sie entdeckte eine aggressive Seite an sich und gab ihr den Namen »Ich will«. Es entsprach Astrids Lust, sich Raum und Luft zu verschaffen und sich gegen Einengung zu wehren. In der aggressiven Seite entdeckte sie darüber hinaus die Lust, selbst anzugreifen. Indem sie diesen Impulsen folgte, machte sie einen Schritt aus der inneren Atmosphäre der »Zurückgehaltenheit« in den Kontext der »Selbstbewußtheit«. Nach einigen Wochen wiederkehrender körperlicher und emotionaler Befreiung ließen ihre Atemnotanfälle nach. Wenige Monate später waren sie verschwunden, unter anderem auch, weil Astrid sich nicht nur in den Sitzungen, sondern auch im Alltag mehr Raum und Respekt verschaffte.

In Astrids Leben war bisher vorwiegend die angepaßte Seite zum Zuge gekommen, während die rebellische Seite außerhalb ihres Bewußtseins lag. Da sie das aggressive Potential nicht nach außen richtete, setzten sich diese Kräfte auf der Körperebene gegen die angepaßte Seite durch. Man kann sagen, die Energie der aggressiven Seite schnürte die brave Seite Astrids ein. Daher stammten die Atembeklemmungen. Als sie die Lust, sich nicht nur zu wehren, sondern auch selbst anzugreifen, entdeckte und annahm, verschwanden die körperlichen Phänomene der Enge.

Einen vergleichbaren Verlauf nahmen die Sitzungen der 52jährigen Gabi, bei der zwei Energiephänomene auftauchten. Sie litt unter Schluckbeschwerden und einem Pfeifen im Ohr. Ihr Körper verweigerte sich manchmal ganz unerwartet dem Versuch, etwas zu schlucken. Der spontane Impuls, ihre Lust, bestand in solchen Momenten darin, auszuspucken oder sich zu erbrechen. Es fiel ihr nicht leicht, auf diese Lust einzugehen. Als sie es dann tat, kam der Widerwillen gegen ihre Lebenshaltung heraus. Sie erkannte sich als jemanden, der »brav ja und amen sagt«, »alles schluckt, ob es schmeckt oder nicht« und dann so ein »komisches Gefühl im Bauch bekommt«.

Im Laufe der Sitzungen erkannte Gabi den Pfeifton im Ohr als einen Teil von ihr, der etwas sagen möchte, dem aber niemand zuhört. Als sie diesen Teil spielte, äußerten sich Bedürfnisse, denen sie seit Jahren keine Beachtung geschenkt hatte. Als sie dann den Satz sagte: »Da will was raus«, verbanden sich Pfeifton und das Gefühl im Bauch. Es entstand das Bild eines eingesperrten Tigers, der »schier wahnsinnig« und »verrückt werden«, der »ausbrechen« wollte. Dieser Tiger war ein Symbol ihrer Lebendigkeit und ihrer Bedürfnisse. Er fauchte und kratzte, wollte »Fleisch«, »Freiheit« und »Zärtlichkeit«. Gabi ließ sich los und wurde für einige Minuten zum »rasenden Tier«.

Da der Tiger, der wilde und unangepaßte Teil, in Gabis Leben zu kurz kam, wandte er seine Energie gegen ihre Kontrolle. Er hinderte Gabi daran, weiterhin »brav zu schlucken«, und verschaffte sich durch den Pfeifton Aufmerksamkeit. Schließlich brach er in der Sitzung als »rasendes Tier« aus ihrem Bauch aus.

Selbstverständlich ist es noch ein langer Weg, bis Gabi den Tiger in ihren Alltag integrieren kann. Aber sie hat den Faden aufgenommen und ihren Veränderungsprozeß begonnen. Ihr Beispiel zeigt, wie energetische Phänomene wechseln können und schließlich im Bild des Tigers eine Heldengestalt entsteht, an der sich Gabi orientieren kann.

Rudolf, ein junger Mann im Alter von 28 Jahren, wurde von Lichtern und Schatten verfolgt, die zuweilen die Form von Geistern annahmen. In einem abendlichen Panikanfall hielt er seine Freundin für einen solchen Geist und flüchtete vor ihr in eine Zimmerecke. Rudolf stand am Rande einer Psychose. In der am nächsten Tag folgenden Sitzung war er jedoch gut ansprechbar. Wir schlugen ihm vor, gemeinsam mit uns den Geistern und Energieerscheinungen zu begegnen. Als wir ihn fest an der Hand hielten, ließ er sich auf dieses Wagnis ein. Es folgte eines jener seltenen Erlebnisse, in dem ein Klient durch eine einzige Sitzung von ängstigenden Erscheinungen befreit wurde.

Rudolf wagte sich näher an die Licht- und Geistwesen heran. Schließlich erkannte er Einzelheiten und war überrascht, Gesichtszüge seiner Verwandten zu entdecken. Nach und nach tauchte seine gesamte Familie auf. Aus Fratzen wurden Tanten und Onkel, die ihn mit Moral und Vorschriften bedrängten. Szenen und Erinnerungen aus der Kindheit tauchten auf. Dann erinnerte sich Rudolf, wie er von einem Onkel sexuell mißbraucht worden war.

Dieses Beispiel zeigt, wie Bewußtseinszustände wechseln können. Aus den Energiephänomenen »Lichter und Schatten« war die Vergangenheit aufgetaucht, und Rudolf wurde der kleine Junge, der sich beschmutzt und gedemütigt fühlte. Seiner Lust, seinen spontanten Impulsen in dieser Erinnerung entsprach es, »durchzudrehen« und den Mann »umzubringen«. Rudolf zerfetzte ein Kissen, spuckte und spie auf seinen Onkel und auf die Verwandten, »deren Küsse nach Kotze schmecken«. Er entdeckte in dieser Sitzung eine Aggression, »wie ich sie nicht für möglich gehalten hätte«. Im Bewußtsein dieser Kraft und im Licht der jetzt klaren Erinnerungen lösten sich die bedrohlichen Energiephänomene auf, die ja Erscheinungsformen seiner eigenen, verdrängten Aggression gewesen waren.

Was wir verdrängen, bleibt in uns, auch wenn es uns fremd wird. Taucht es dann in verwandelter Form, als Körpersymptom, als Bild oder Gefühl auf, scheint es nicht zu uns zu gehören. Es wirkt auf das Bewußtsein, als ob es von außen oder über uns kommt. Doch auch bei solchen Energiephänomenen handelt es sich letztlich um verborgene Aspekte des Selbst.

Manchmal ist ein Teil des Selbst so gründlich verdrängt, daß sein Auftauchen zu tiefen Identitätskrisen führen kann. So erging es einem Mann, der 47 Jahre lang ein ganz normales Leben führte. Er lebte mit Frau und Kindern in geordneten Verhältnissen und sah sich als glücklichen und zufriedenen Menschen an. Eines Tages passierte etwas für ihn schier Unvorstellbares: Er verliebte sich in einen Arbeitskollegen. Es ist nachvollziehbar, wie sehr sein Selbstbild und die Identifikation mit seinem bisherigen Leben ins Wanken gerieten, wie sehr die Beziehungen dieses Mannes einer unerwarteten Veränderung unterworfen waren. Er schien glücklich und zufrieden, doch dann störte ein unbewußter Teil das empfindliche Gleichgewicht und brachte alles durcheinander. Vielleicht war das Leben dieses Mannes zu vernünftig und glatt verlaufen, und es war an der Zeit, eine neue Ordnung zu schaffen; und dafür mußte die alte Ordnung auch gegen den bewußten Willen zerstört werden.

Energiephänomene müssen jedoch nicht in Krisen führen. Sie können durchaus lustvoll erlebt werden. Brita, eine 34jährige Frau, wurde von unregelmäßig auftretenden Zitteranfällen verunsichert. Dieses Zittern tauchte in Armen und Beinen auf und versuchte, sich auf den ganzen Körper auszudehnen. Brita beschrieb es als ein Beben, das sie zugleich faszinierte und erschreckte. In einer Sitzung gelang es ihr, den Impulsen des Zitterns nachzugeben und sie geschehen zu lassen. Sie begann, Spaß an den unwillkürlichen Zuckungen zu entwickeln, daran, »wie es mich packt und schüttelt«. Sie rief: »Es will passieren« und entdeckte die Lust »zu explodieren«, was sie dann auch tat. Nach einigen Explosionen, die aus heftigen Zuckungen und lauten Geräuschen bestanden, lachte sie befreit und entspannte sich. Später sagte sie, die Faszination des Erlebnisses habe darin gelegen, »loszulassen« und »den Kopf zu verlieren«.

Britas Lust führte sie zu einer Fähigkeit, die ansonsten in ihrem Leben zu kurz kam: der Fähigkeit, sich unkontrolliert körperlich-sinnlichem Erleben hinzugeben. Im

Zittern ihres Körpers setzte sich unbändige, sinnlich-sexuelle Lebenskraft durch, deren Eigenart im Loslassen und in der Aufgabe von Kontrolle lag.

Die Beispiele zeigen, wie sich vernachlässigte Seiten des Selbst äußern und durchsetzen, indem sie uns in bestimmte, unkontrollierbare Zustände versetzen. Solche energetischen Zustände unterscheiden sich von den Bewußtseinszuständen Vergangenheit und Zukunft durch ihren Gegenwartscharakter. Energiezustände lassen direktes, körperlich-sinnliches Erleben entstehen. Auch wenn diese Sinnlichkeit mit ihren unkontrollierbaren Zuständen bedrohlich erscheint, bleibt uns nichts anderes, als uns ihr zuzuwenden, wenn wir sie verstehen wollen.

Sucht

Die Aufgabe, uns mit bestimmten Qualitäten zu verbinden, erfüllen auch Sucht- und Rauschzustände.

Wer einer Sucht erliegt, *sucht* etwas. Sucht tut etwas für uns, das wir anders zu tun nicht in der Lage sind. Wir erinnern uns an einen Mann, der für einige Monate spielsüchtig wurde. Er hatte eine neue Arbeit angenommen und kam in Konflikt mit der Hierarchie, hielt sich aber zurück, um den Arbeitsplatz nicht zu gefährden. In der Arbeit fühlte er sich als Verlierer, am Spieltisch wollte er Gewinner sein. Das Thema auf beiden Feldern war Macht. In der Arbeitssituation tauchte es als Ohnmacht auf, in der Spielsituation als Versuch, Macht zu gewinnen. Als der Mann im Arbeitsfeld aus dem Kontext »Machtlosigkeit« heraustrat und seine Konflikte anpackte, was seiner Lust entsprach, sich mächtig zu fühlen, fand er sein Selbstvertrauen wieder, und es gelang ihm schließlich, auf das Spielen zu verzichten.

In einer Talkshow schilderte kürzlich eine Frau ihre Erfahrungen mit einer Spielsucht folgendermaßen: »Ich wurde von meinem Mann verlassen und fing zu spielen an. Wenn es damals keine Spielhäuser gegeben hätte, wäre ich heute nicht mehr am Leben.« Vielleicht hätte sich diese Frau wirklich das Leben genommen, wäre es ihr nicht möglich gewesen, sich durch die Spielsucht vom Trennungsschmerz abzulenken.

Eine Sucht ist also nicht unbedingt negativ. Neben ihren unerwünschten Begleiterscheinungen tut sie etwas für uns, was wir gegenwärtig nicht bewußt tun können. Ein vielbeschäftigter Manager klagte über Fernsehsucht. Was tat der Zustand »fernsehen« für ihn? Er fand dort Ruhe und Entspannung. Es stellte sich heraus, daß fernsehen fast die einzige Möglichkeit für ihn war, seiner Lust, »nichts« zu tun, zu folgen. Schaltete er das Fernsehgerät aus, fing er sofort zu arbeiten an. Seine Fernsehsucht reduzierte sich erheblich, als er, unter anderem durch Angeln, alternative Möglichkeiten fand, nichts zu tun, und sich mehr und mehr anderen Bedürfnissen als der Arbeit zuwandte.

Lernen, für eine Weile einmal »nichts« zu tun, ist für Menschen der westlichen Welt eine große Herausforderung. Unsere Identifikation liegt im Tun, Machen, Werden, und wir geraten in Konflikte, wenn wir lassen, sind, genießen. Deshalb gelingt es vielen Menschen nur durch eine Sucht, solche Zustände von Gelassenheit zu erreichen. Vielleicht erklärt dies teilweise den übermäßigen Genuß von Alkohol und verwandten Drogen. Alkohol soll uns Entspannung und Gefühle bringen, Kokain soll uns Lebendigkeit verschaffen, Heroin Träume bescheren.

Natürlich wäre es wünschenswert, bessere Wege zu

Entspannung und Emotionalität zu finden, als eine Sucht sie bietet. Doch nicht immer sind wir in der Lage, das zu leisten, und nicht immer ist jemand in der Nähe, der uns bei dieser Suche unterstützen kann. Dann werden wir süchtig nach Stoffen, die uns einerseits zwar helfen, aber andererseits auch schaden und unser Bewußtsein trüben.

Im Grunde genommen sind wir alle mehr oder weniger einer Sucht verfallen. Die vielleicht verbeitetste und zugleich am meisten akzeptierte Sucht, die Mensch und Natur Schaden zufügt, ist die Jagd nach Geld und Reichtum. Sie soll uns Zustände existentieller Sicherheit bringen. Doch was immer das Suchtmittel ist: von einer Sucht geheilt zu werden erfordert in jedem Fall, das *Gesuchte* auf andere Weise zu finden.

Die Zeitschwelle

Wir westlichen Menschen halten uns vorwiegend in den Bewußtseinszuständen Vergangenheit und Zukunft, im Denken auf. Wir teilen mit anderen Menschen Erinnerungen oder Zukunftspläne, Hoffnungen, Wünsche, Erwartungen, sprechen über Dinge, die gewesen sind oder sein werden. Oft kommt dabei das Erleben der Gegenwart zu kurz.

Würden wir uns ausschließlich in den Dimensionen von Vergangenheit und Zukunft wahrnehmen, könnten wir Leben nur als »schon vergangenen« oder »noch nicht realisierten« Vorgang begreifen. Wir wären im Gefängnis des Verstandes eingesperrt, im Gefängnis der Zeit.

Zeit ist ein Gefängnis, weil es sie eigentlich nicht gibt. Es gibt kein Gestern oder Morgen. Es gibt nur den erlebten Augenblick. Aber der Verstand kann den Augenblick nicht erfassen. Sobald wir an einen Augenblick denken, ist er vorbei und schon Vergangenheit geworden. Doch Zeit existiert – wenn auch nur in uns, in unserer Wahrnehmung. Zeit ist eine Dimension unseres Verstandes und besteht in den Fähigkeiten, zu erinnern und zu projizieren. Wir brauchen diese Fähigkeiten, um uns in der Welt zu orientieren, aber sich ausschließlich oder überwiegend im Verstand aufzuhalten bedeutet, vom Erleben der Gegenwart ausgeschlossen zu sein.

Auch vor dem Bewußtseinszustand Gegenwart befindet sich also, wie schon vor dem Zustand Zukunft, ein Hindernis oder eine innere Schwelle. War es dort die Schwelle der Vision, die unsere Vorstellungskraft begrenzte, ist es jetzt die *Zeitschwelle*, die uns vom Erleben der Gegenwart trennt. Wir überwinden sie, indem wir den Verstand und seine Kategorien, seine Wertungen, seine Identifikation mit Aufgaben, Rollen und Vorstellungen hinter uns lassen. Gelingt es uns, *aus dem Kopf* in die Sinne zu kommen, machen wir den Schritt in die Gegenwart.

Gegenwart ist an sinnliches Erleben gekoppelt. Wir können einen Sonnenstrahl nicht gestern oder morgen, sondern nur hier und jetzt auf unserer Haut spüren. Darüber hinaus können wir ihn nicht »als Lehrer« oder »als Sekretärin« fühlen. Wir können Wein auf unserer Zunge schmecken, aber wir können dies nicht als »Angestellter« oder »Arbeiter«. Wir können eine zärtliche Berührung nicht als »Ingenieur« oder »Akademiker« wahrnehmen.

Wer an einer Blume riecht und zugleich an den letzten Tag oder die Börsenkurse der nächsten Woche denkt, hat den sinnlichen Genuß des Augenblicks getrübt. Wir können sinnliche Empfindungen nicht in Zeit und Rollen einordnen, und das macht den Bewußtseinszustand Gegenwart so wertvoll für uns. Er gibt uns Freiheit von Plänen, Ideen und den damit verbundenen Aufgaben und Pflichten. Er gibt uns Ruhe und Kraft.

Sinn(lichkeit)

Schmecken, riechen, sehen, fühlen, hören, atmen, die ganze Welt der Sinneswahrnehmung gehört zur Gegenwart. Einen Sonnenuntergang sehen, einen Vogel hören, ein Kind anschauen. Ohne Kommentare des Verstandes und der Moral in eine sinnliche Erfahrung eindringen, einen Kuß austauschen, Schmerz empfinden, ein Lachen erleben – all das bringt uns zur Gegenwart.

Oft ist uns aufgefallen, daß Selbstzweifel und Sinnkrisen bei Menschen auftauchten, die sich zu wenig unmittelbaren menschlichen Bedürfnissen zuwenden. In Erinnerungen oder Zukunftsplänen gefangen, in eine von Zwängen und Vorstellungen bestimmte Alltagsroutine verstrickt, verlieren sie den Augenblick. Gelingt es ihnen nicht, sich von Zeit zu Zeit auf sinnliches Erleben einzulassen, weil sie den Kopf nicht ausschalten können, wird ihr Leben »unwirklich«, »leer« oder »sinnlos«.

Unser Leben wird sinnlos, wenn wir uns zu wenig oder zu wenig intensiv durch die Sinne erfahren.

Wer zuviel denkt, erlebt zu wenig Sinn – dann kommt ihm das Leben sinnlos vor. Mit Recht, denn bei soviel Plan, Arbeit und Tun kommen Fühlen, Riechen, Schmecken, Loslassen, Aufatmen, Zärtlichsein, Genießen – unsere unmittelbaren menschlichen, körperlichen oder emotionalen Bedürfnisse – zu kurz. Fragen tauchen auf: »Was soll das alles?« oder »Das soll jetzt alles gewesen sein?«

Verloren im »Machen«, werden wir bedürftig. Doch oft wollen wir selbst einfachste Bedürfnisse nicht wahrhaben und versuchen, »erwachsen« und »stark« zu sein. Bei manchen Menschen sind Monate oder Jahre vergangen, seit sie liebevolle Umarmungen und echte Zärtlichkeit erfahren haben. Viele können sich nicht erinnern, als erwachsene Menschen jemals ihren Kopf in jemandes Schoß gelegt und losgelassen zu haben. Bleiben solche und andere elementaren Bedürfnisse lange Zeit unerfüllt, erleben Menschen eine sensorische Deprivation, eine sinnliche Austrocknung. Das Leben erscheint »leer«. Werden die offenen Bedürfnisse jedoch befriedigt, verschwinden Zweifel und Sinnfragen meist von selbst.

Wir scheinen den Bewußtseinszustand Gegenwart und die mit ihm verbundenen sinnlichen Erlebnisse so sehr zu brauchen, daß wir uns sogar in Lebensgefahr begeben, um in diesen »kopflosen« Zustand zu gelangen. In Extremsportarten versuchen heute viele Menschen mit allen Mitteln, direkt-sinnliches Erleben hervorzurufen, um sich aus der Umklammerung des Denkens zu befreien. Marathon, Triathlon, Autorennen, Bergsteigen, Bungee-Springen sind nur einige Sportarten, deren Intensität und Gefährlichkeit uns an den Augenblick fesseln. Wer sich auf diese Sportarten einläßt, ist, zumindest für *jetzt,* von Vergangenheit oder Zukunft befreit und erlebt das Abenteuer einzigartiger Momente.

Sexualität – Mann und Frau

Wie sehr wir das sinnliche Bad in der Intensität des Augenblicks brauchen, können wir auch an der Bedeutung sehen, die Erotik und Sexualität in unserem Leben einnehmen.

Sexualität scheint für viele Menschen die einzige Tür in die Welt der Gegenwart zu sein. Wahrscheinlich ist es in keinem anderen Bereich einfacher, in den Augenblick zu gelangen. Wir spüren die Haut des anderen, riechen seinen Geruch, hören seine Laute, fühlen unsere Empfindungen, werden von Erregung gepackt – und vergessen für Momente, was gestern war oder morgen sein wird. Hier können wir »abschalten«, »uns spüren« und »ankommen«. Unserer Meinung nach liegt darin die wirkliche und heilende Kraft von Sexualität: Sie kann uns wie keine andere Aktivität für Momente aus der Zwangsjacke des Denkens befreien und mit den Kräften des Augenblicks verbinden.

Wenn wir lieben, sind wir »da«, erleben hohe sinnliche und energetische Intensität. Wir haben Kind (Emotion) und Erwachsenen (Verstand), Held (Pläne) und Schatten (Angst) hinter uns gelassen und sind *Mann und Frau* geworden.

Mann und Frau, die Symbolgestalten des Bewußtseinszustandes Gegenwart, repräsentieren unsere aktiv-sinnlichen und rezeptiv-sinnlichen Kräfte, unsere empfindenden Seiten. Unsere männliche Seite ermöglicht es, aktiv zu sein– zu tun, zu berühren, einzudringen. Die weibliche Seite befähigt uns, rezeptiv zu sein, geschehen zu lassen, Berührung aufzunehmen.

Wenn Mann und Frau sich sinnlich begegnen, gibt es immer einen aktiven und einen rezeptiven Teil. Ich streichle dich, du nimmst die Berührung auf. Du streichelst mich, ich nehme die Berührung auf. Wenn beide Partner in der *äußeren* Begegnung mit ihren aktiven und rezeptiven Kräften vertraut sind, wechseln Aktivität und Rezeptivität in der sexuellen Begegnung frei von Rollenfestlegungen.

Das ist nicht selbstverständlich, denn immer wieder erleben wir Männer, deren Sexualität einseitig aktiv, und Frauen, deren Sexualität einseitig rezeptiv ist. Solche Sexualität kann auf Dauer nicht befriedigend sein. Erst eine Sexualität, in der jedem Partner beide Möglichkeiten offenstehen, in der beide Partner aktiv und rezeptiv sein können, wird zur befriedigenden, Frieden gebenden Sexualität.

Zusammenfassung

Die Symbolgestalten des Bewußtseinszustandes Gegenwart sind »Mann« und »Frau«. Sie symbolisieren die aktiven und rezeptiven sinnlichen Kräfte eines Menschen, die Fähigkeit, einzudringen oder aufzunehmen.

9. Der Zustand Bewußtheit

In diesem Kapitel

- beschreiben wir die Bedeutung des Zustandes Bewußtheit,
- überschreiten wir die Schwelle der Identifikation,
- begegnen wir dem/der Weisen,
- erreichen wir die Grenzen von Therapie und Selbsterfahrung.

Thesen:

- **Wir machen den Schritt vom »Etwas Sein« zum »Sein«, indem wir uns für Augenblicke jenseits aller Identifikationen erleben.**
- **Es ist dies ein Schritt in spirituelle, religiöse oder meditative Erfahrung. Hier ist die Grenze von Therapie und Selbsterfahrung erreicht.**

Wie Distanz auftaucht

Menschen können Gefühle, Gedanken, Bilder, Stimmen, sinnliche Eindrücke, innerliche und äußerliche Vorgänge nicht nur erleben, sondern auch wahrnehmen. Während Sie diese Zeilen lesen, gibt es einen Teil in Ihnen, der weiß, daß Sie lesen. Der gleiche Teil weiß, was Sie fühlen und denken. Es ist der erkennende Teil des Selbst, unsere Bewußtheit. Bewußtheit zeichnet sich durch Abstand aus. Östliche Religionen nennen diese Fähigkeit auch »Zeuge sein« – Zeuge der körperlichen, emotionalen oder geistigen Vorgänge in uns oder der menschlichen und weltlichen Ereignisse um uns herum. Wir können Bewußtheit auch als den außersinnlichen Teil unserer Wahrnehmung bezeichnen.

Bewußtheit wird auch »Metakommunikation« genannt. Sie versetzt uns in die Lage, *über* unser Sprechen zu sprechen oder *über* unser Handeln zu reflektieren. Das Wort »meta« (über) weist auf die Perspektive hin, die wir im Zustand Bewußtheit einnehmen. Wir können wie von oben auf etwas schauen und aus dieser Distanz Erkenntnisse gewinnen.

Auch der Zustand Bewußtheit ist wichtig, denn wenn wir keine Distanz halten, verlieren wir uns in Handlungen, Empfindungen oder Ereignissen. Dann sind wir nicht in der Lage, *zu sehen* und Klarheit zu gewinnen. Da wir uns aber oftmals in Identifikationen aufhalten, von Gedanken oder Gefühlen beherrscht sind oder von Ereignissen mitgenommen werden, fehlt uns dann Distanz. Dieses Bedürfnis taucht deshalb zuweilen unerwartet im Alltag auf.

Manfred bekam Sehnsucht nach diesem Zustand. Er begann in seiner Freizeit zu meditieren. Seine Meditation bestand darin, sich auf den Boden zu setzen, die Augen zu schließen und Mantras zu wiederholen. Je mehr er meditierte, desto weiter zog er sich aus seinen familiären Beziehungen zurück. Er geriet »in eine andere Welt«.

Diese Welt und die dort erlebten Zustände waren wertvoll für ihn. Er empfand sich »über den Dingen stehend« und fand Abstand zu »da unten«. Er sprach von Gelassenheit und einem Gefühl von Sicherheit und Stille. Zugleich kam er jedoch in Konflikt mit seiner Familie, denn er drückte sich um die Verantwortung seiner Frau und seinem Kind gegenüber.

Wir stiegen in seine Wahrnehmung ein und übernahmen den Teil »dort unten«, der aus seiner Familie bestand. Manfred übernahm den Teil »dort oben«. Er setzte sich in seiner Vorstellung auf den Himalaja und meditierte. Nach einigen »Monaten« bekam er Lust auf Freunde, auf die Welt, auf etwas Luxus und Abenteuer und begann den Abstieg aus der Bergwelt. Der Begleiter stellte sich ihm als seine Frau in den Weg und stellte Forderungen. Spontan zog sich Manfred wieder in den »Himalaja« seiner Distanz zurück.

Doch dann hatte Manfred ein »Aha-Erlebnis«. Er erkannte seinen Rückzug als Flucht vor Auseinandersetzungen und entschied sich, die Herausforderung an der Grenze zwischen Welt und Himalaja anzunehmen. Er drehte sich um und fing an, mit seiner Frau zu streiten. Wut tauchte auf. Manfred brachte Dinge zur Sprache, die »ich mitgemacht hatte, ohne sie zu wollen«, und begann, sich »gegen ihren Terror« zu wehren. Er begann sich durchzusetzen und die Ruhe und Distanz, die er brauchte, anders als durch Rückzug zu erreichen: durch die Sicherheit, mit der er anfing, seinen abweichenden Standpunkt zu vertreten.

Manfred ist kein Einzelfall. Viele Männer geraten in distanzierte Zustände, weil sie sich emotional gegen ihre

Frauen nicht durchsetzen können.[9] Wir haben auch beobachtet, daß Frauen, die kein eigenes Lebensfeld haben, leicht in distanzartige Zustände wie Depression oder Sinnlosigkeit geraten können.

Distanz in ihrer negativ empfundenen Erscheinungsform nimmt uns Gefühle und kann uns den Eindruck vermitteln, »nicht dazuzugehören«, »außen zu stehen« und »zuzuschauen«, wie das Leben vorbeizieht. Oftmals ist es nötig, das zu tun, was Distanz anbietet: bewußt Abstand zu nehmen und genau hinzuschauen. Wenn wir in Gefühlen oder Handlungen verstrickt sind, fehlt uns diese positive Distanz, von der aus wir Zusammenhänge wahrnehmen und Situationen verändern können.

Sind wir allzusehr von Gefühlen beherrscht, kann es uns wie Claudia ergehen, die sich in ihrem Arbeitsleben von Gefühlen der Abhängigkeit und Ohnmacht »zerrissen« fühlte und mehr und mehr in einen Zustand der Distanziertheit geriet. Sie nannte solche Zustände, in denen sie den Kontakt zu ihren Gefühlen verlor, »außer mir sein«. Claudia geriet tatsächlich außer sich, denn sie konnte neben sich stehen und sich zusehen.

Der Sinn ihres Zustandes wird deutlich, wenn wir den Verlauf seiner Entstehung nachvollziehen. Sobald Claudia in Konflikt mit einem nahestehenden Menschen geriet, tauchte unbändige Wut auf. Claudia lief rot an und schimpfte und tobte auf eine hilflose und zerstörende Weise. Wenn sie wahrnahm, was sie beim Gegenüber anrichtete, wechselten ihre Gefühle zu Traurigkeit und Angst. Dann zeigte sie Reue und den Wunsch, von dem Menschen geliebt zu werden, gegen den sie sich gerade noch aggressiv verhalten hatte. So schwankte sie von einem Gefühl zum anderen, bis sie sich schließlich von beiden Gefühlen entfernte und in einem »seltsamen Zustand von Leere« wiederfand.

Wir ermutigten sie, diesen Zustand anzunehmen und zu erfahren. Das Gute daran war, »daß da keine schlechten Gefühle sind«, wohl aber die Fähigkeit, »in Ruhe hinzuschauen« und sich zu fragen, »was ich da eigentlich mache«. Einsicht tauchte auf, und Claudia gewann allmählich Klarheit. Aus der Distanz zu ihren starken Gefühlen erkannte sie, nicht ohnmächtig zu sein, sondern Macht durch verschiedene Handlungsmöglichkeiten zu haben. Schließlich tauchte eine Gestalt auf, der sie den Namen »die souveräne Frau« gab. Diese Leitfigur, eine Heldengestalt, die für Claudia eine neue Erscheinung ist, kann ihr helfen, die klare, erkennende Seite ihres Selbst zu entwikkeln und in den Alltag zu integrieren.

Starke Gefühle oder intensive Situationen können uns oft vom Zustand der Bewußtheit fernhalten. Dann kann es passieren, daß wir uns innerlich von diesen Gefühlen und Situationen entfernen. Dies mag von anderen Menschen als Flucht erlebt werden. Doch wenn wir keine Möglichkeit entwickeln, im Chaos zu bestehen, wird Distanz einfach geschehen. Beispielsweise werden Menschen, die traumatische Erlebnisse hatten, durch Distanz vor Gefühlen geschützt, die sie noch nicht verarbeiten könnten.

Die Schwelle der Identifikation

Jeder sucht in der Selbsterfahrung etwas anderes, denn jeder steht vor einer anderen inneren Schwelle. Manchen hilft es, mit Gefühlen in Kontakt zu kommen oder den Heldenmut zu einer bestimmten Handlung aufzubringen. Manchmal kann aber nur eine wichtige Erkenntnis weiterhelfen. Diese Erkenntnis ist nicht immer leicht zu gewinnen, denn auch vor dem Zustand Bewußtheit liegt eine Schwelle: *die Schwelle der Identifikation.*

Identifikation ist ein Mechanismus, der uns trennt – von Teilen des Selbst, von anderen Menschen, von der Welt. Sind wir erst einmal mit einem Teil identifiziert, sind wir parteiisch, entsprechend einseitig und in einer bestimmten Rolle oder Sichtweise gefangen.

Sind wir beispielsweise zu sehr mit unserer Vorstellung der Vater- oder Mutterrolle identifiziert, mag es uns schwerfallen, ein Kind bei der Entwicklung seiner Eigenständigkeit zu unterstützen. Wir werden versuchen, unsere eigenen Vorstellungen durchzusetzen, und nicht erkennen, was wir dem Kind damit antun. Einen Erkenntnisschritt zu machen erfordert nun, zumindest kurzfristig den sicheren und starren Rahmen der Identifikation »Vater/Mutter« zu verlassen, Distanz zu nehmen und die Dinge »von weitem« oder »von oben« zu betrachten. Dann kommt es oft zu einem erkennenden Aha, und wir können uns aus unbewußten Verstrickungen befreien.

Identifikation macht uns nicht nur einseitig. Sie trennt uns zugleich von der Einheit des Seins. Identifikationen, gleich welcher Art, gehören zur Welt der Materie. Dort sind sie unerläßlich. Bei der Suche nach weitergehenden, spirituellen oder religiösen Erfahrungen stehen sie uns jedoch im Wege.

Schlüpfen wir aus dem engen Rahmen, den Zeit und Person uns geben, verlassen wir damit zugleich die polare Wahrnehmung, die ja Grundlage einer jeden Identifikation ist. Dann gibt es kein »gut« oder »schlecht«, kein »richtig« oder »falsch« mehr. Dann haben wir die Schwelle der Identifikation überschritten.

Freiheit von sich selbst

Jenseits dieser Grenze liegt die Erfahrung des Seins, eine Ebene frei von Wertung und Benennung. Hier gibt es weder Vergangenheit noch Zukunft, weder Held noch Schatten, weder Mann noch Frau, weder aktiv noch rezeptiv. Hier sind wir eins mit dem, was ist.

Die Qualität Bewußtheit wird durch die Gestalt des Weisen oder der Weisen dargestellt, also durch eine einzige Figur und nicht durch ein Gegensatzpaar, wie es Held/Schatten, Mann/Frau, Kind/Erwachsene sind.

Der Weise hat Rollen, Identifikationen und Zeit hinter sich gelassen und nicht nur Freiheit von den anderen, sondern auch Freiheit von sich selbst gewonnen. Er hat den Schritt vom »Etwas-Sein« zum »Sein« gemacht.

Dies ist ein Schritt in meditative, religiöse oder spirituelle Erfahrung. Der bewußte Mensch ist nicht parteiisch oder wertend. Er erkennt die Verstrickung der Menschen in Handlungen und weiß um die Grenzen einer Identifikation. Der Weise hat Liebe und Haß, Geburt und Tod, Glück und Unglück kommen und gehen sehen und hat *erkannt.* Diese Weisheit des Abstandes zu den Wechselfällen des Lebens nimmt mit Alter und der Nähe zum Tod tatsächlich zu.

Grenzen der Therapie

An der Schwelle der Identifikation erreichen wir die Grenzen von Therapie. Therapie setzt an bei Dualität, bei Konflikt und Spaltung, um wirken zu können. In den Bewußtseinszuständen Vergangenheit, Zukunft und Gegenwart erfahren wir uns durch Polaritäten. Kind/Erwachsener, Held/Schatten, Mann/Frau sind Symbolgestalten innerer Gegensätze von Verstand und Gefühl, Konstruktivität/Destruktivität und Aktivität/Rezeptivität. Zwischen ihnen wechselt unsere Wahrnehmung in einem nie endenden Suchen nach Harmonie hin und her. Wir spalten uns, leiden, suchen Heilung. Sobald wir eine Spaltung erkannt und aufgehoben haben, geht es uns besser – doch es kommt zu neuen Spaltungen auf subtileren Ebenen. Der Magier wird zum neuen Helden, zu einer neuen Identifikationsgestalt, aus der heraus wir einen neuen Schatten kreieren – es kommt zu einem neuen Kampf, ein neuer Magier entsteht – ein Spiel ohne Ende. Buddhisten nennen diesen Kreislauf das Rad des Leidens. Würden wir uns ausschließlich in den Bewußtseinszuständen Vergangenheit, Zukunft oder Gegenwart aufhalten, wir hätten niemals wirklich Abstand und Distanz, niemals Freiheit von uns selbst – vom ewigen Kreislauf der Gedanken, der Gefühle und körperlichen und sexuellen Bedürfnisse.

Wir brauchen den Zustand Bewußtheit, um uns über alle trennenden Grenzen hinweg mit dem Sein zu verbinden – um unserer Einsamkeit, Zerrissenheit und Gespaltenheit zu entkommen und all-ein zu werden. Aber weder Therapie noch Selbsterfahrung können uns dabei helfen. Zwar können sie unser Leben grundlegend verändern – aber aus der polaren Wahrnehmung können sie uns nicht befreien.

Es gibt Dinge, die kann ein Mensch nur allein erreichen.

Kein Therapeut, kein Lehrer, kein Guru oder Meister kann uns bei der Erkenntnis, allein zu sein, helfen Einheit und Selbsterkenntnis liegen jenseits des Verstandes und der Vermittlung durch andere Menschen. Sie sind vielleicht nur intuitiv, durch unmittelbare Innenschau zu erreichen. Wenn wir *in uns* Ganzheit wahrnehmen, sind wir der dualen Wahrnehmung entronnen und im Paradies des Einsseins angelangt. Dieser Vorgang wird unter anderem Satori, Gott, Erleuchtung, Erkenntnis genannt.

Eine weitere Definition des Zustandes Bewußtheit lautet, unsere Wahrnehmung aus dem Kontext der Getrenntheit zu lösen und in einen Kontext universaler Verbundenheit zu stellen.

Zusammenfassung

Die Symbolfigur der vierten Ebene ist »der Weise« oder »die Weise«. Diese Gestalt symbolisiert einen Zustand der Einheit jenseits von Polarität und Gespaltenheit, wie Menschen ihn durch Meditation oder religiöse Praktiken zu erreichen suchen.

Hier endet die detaillierte Beschreibung der vier Bewußtseinszustände. Wir wollen betonen, daß nach unserer Auffassung kein Bewußtseinszustand dem anderen vorzuziehen ist. Wollen wir das ganze Spektrum menschlicher

Erlebnisfähigkeit zur Verfügung haben, sollten wir uns in allen Zuständen bewegen können, indem wir innere Grenzen und Schwellen überwinden.

Wir hoffen, durch die vorangegangenen Beispiele und Beschreibungen den Wert der verschiedenen Bewußtseinszustände deutlich gemacht zu haben. Jeder einzelne Bewußtseinszustand ist wichtig und braucht Raum in unserem Erleben.

- **Wir brauchen die Vergangenheit, um aus ihr zu lernen.**
- **Wir brauchen die Zukunft, um unseren Handlungen Richtung und Sinn zu geben.**
- **Wir brauchen die Gegenwart, um Kraft und Vergnügen aus Sinnlichkeit und Lebendigkeit zu schöpfen.**
- **Wir brauchen Bewußtheit und Distanz, um die Dimension der inneren Stille zu erleben, um zu betrachten und zu uns zu finden.**

Wenn wir diese Zustände auf Dauer vermeiden, tauchen sie »zufällig« auf und bringen uns unfreiwillig in Kontakt mit den Fähigkeiten und Qualitäten, die in ihnen enthalten sind. Dann geht es darum, diese Seiten des Selbst zu erforschen und anzunehmen – mit ihnen zu »arbeiten«.

In Einzelsitzungen arbeiten wir mit den Bewußtseinszuständen, in denen ein Mensch sich gerade aufhält oder in die er sich gerade hineinbewegt. In Seminaren und Gruppen geschieht das auch, aber darüber hinaus führen wir diese Zustände dort durch spezielle Methoden herbei. Eine solche Methode besteht darin, die beschriebenen Symbolgestalten zu entwickeln und zu erforschen.

Wir haben uns diese Symbolgestalten nicht ausgedacht. Sie finden sich in den ältesten Weisheitserzählungen und

Heilungsritualen der Menschheit, den Mythen. Kind und Erwachsener, Held und Schatten, Mann und Frau und die weise Gestalt entsprechen einem über Jahrtausende gewachsenen Verständnis des Selbst und bezeichnen Fähigkeiten des Fühlens, Denkens, Erschaffens und Zerstörens, des sinnlichen Wahrnehmens und Erkennens. Sie sind Helfer auf dem Weg der Heilung und Ganzwerdung, Helfer auf dem Weg der Selbsterfahrung.

10. Die Transformations-Pyramide

Zum besseren Verständnis der verschiedenen Bewußtseinszustände wollen wir das Modell der Transformations-Pyramide darstellen und zugleich betonen, daß diese Pyramide mit ihren verschiedenen Ebenen keine hierarchischen Vorstellungen enthält. Sie ist ein Versuch, verschiedene Bewußtseinszustände zu beschreiben. Betrachten Sie die Pyramide als ein Modell des unteilbaren Selbst, in dem unsere Aufmerksamkeit zwischen allen Ebenen wechselt. Wie alle Modelle ist auch dieses kein Abbild der Wirklichkeit, doch kann es uns helfen, Zusammenhänge zu verstehen und Abläufe zu begreifen.

Die Bewußtseinsebenen
Die Bewußtseinszustände Vergangenheit, Gegenwart und Bewußtheit tauchen in der Pyramide als Ebenen auf, die durch Schwellen voneinander getrennt sind.

Die Schwellen
Jede Schwelle kennzeichnet den Übergang in einen anderen Bewußtseinszustand.

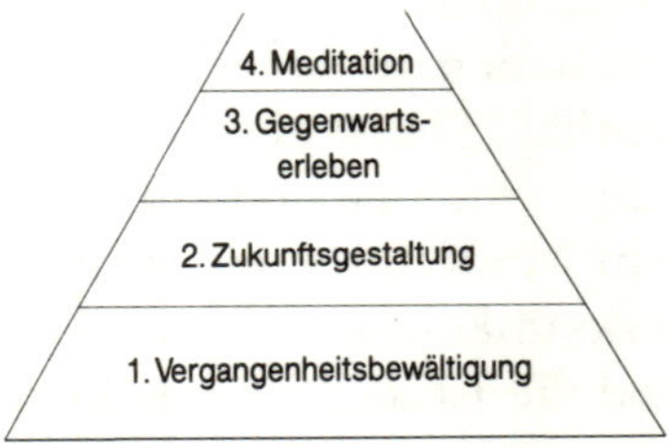

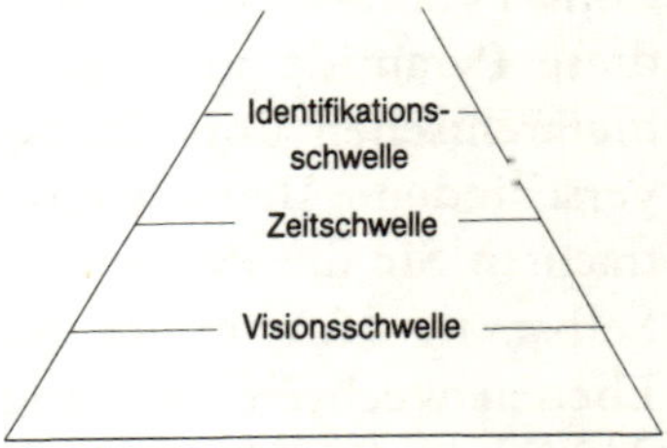

Die Symbolfiguren
Auf den Ebenen befinden sich Symbolfiguren für die Arbeit mit den entsprechenden Kräften, Fähigkeiten und Qualitäten.

Fähigkeiten

Gestalten

1. Der Bewußtseinszustand Vergangenheit

Wir erleben den Bewußtseinszustand Vergangenheit, wenn wir wie unsere Eltern denken und demzufolge wie das Kind fühlen, das wir einmal waren. Dann gilt es, neue Fähigkeiten des Umgangs zwischen Verstand und Gefühl zu entwickeln und dadurch den Lebenskontext oder die innere Atmosphäre zu erweitern.

Kräfte:	Gefühl und Verstand
Symbolfiguren:	Das Kind und der Erwachsene
Zu lösende Aufgabe:	Bewältigung der Vergangenheit

Die Visionsschwelle

Diese erste Schwelle trennt den Bereich Vergangenheit vom Bereich Zukunft. Sie ist zugleich Handlungschwelle. Wer durch seine Art, zu fühlen und zu denken, in der Vergangenheit haften bleibt, weil er keine hellen Träume wagt, kann Vergangenheit reproduzieren, aber keine neue Zukunft aktiv gestalten.

2. Der Bewußtseinszustand Zukunft

Wir erleben den Bewußtseinszustand Zukunft, wenn wir uns in Träumen oder Visionen eines positiven Zieles oder eines besseren Lebens aufhalten. Es gilt, den Kern dieser Träume zu entdecken, die Auseinandersetzung mit der Angst vor Veränderung zu führen, die Freiheit der Wahl zu erlangen und handelnd das Leben zu gestalten.

Kräfte:	Kreativität – aufbauen und zerstören
Symbolfiguren:	Der Held und der Schatten
Zu lösende Aufgabe:	Gestaltung der Zukunft

Die Zeitschwelle

Wer die Gegenwart erleben will, muß die Zeitschwelle überwinden und sowohl Vergangenheit als auch Zukunft hinter sich lassen. Das geschieht, wenn unsere Aufmerksamkeit weder von Gefühlen (im Sinne alter Emotionen) und Gedanken noch von Phantasien und Visionen bestimmt wird, sondern von direkter sinnlicher Wahrnehmung.

3. Der Bewußtseinszustand Gegenwart

Wir befinden uns im Bewußtseinszustand der Gegenwart, wenn wir uns ganz auf das sinnliche Erleben des Augenblicks einlassen. Wir brauchen diese reinsinnlichen, unbelasteten Augenblicke, um entspannen zu können und Kräfte zu sammeln, um in uns und der Welt anzukommen und auch, um die Erfahrung einer befriedigenden und erfüllenden Sexualität zu machen.

Kräfte:	Aktive und rezeptive Sinnlichkeit
Symbolfiguren:	Der Mann und die Frau
Zu lösende Aufgabe:	Erfahrung der Gegenwart

Die Identifikationsschwelle

Wer auf die Ebene der Bewußtheit gelangen will, muß die Identifikationsschwelle überwinden und sich der Begrenzungen durch Rollen und Zeit entledigen. Er macht den Schritt vom »Etwas-Sein« zum »Sein«, den Schritt aus der Polarität zur Einheit.

4. Der Zustand Bewußtheit

Wir erleben den Zustand Bewußtheit, wenn wir die Erfahrung der Vollständigkeit des Selbst, der eigenen Ungeteiltheit machen. Es ist eine meditative, spirituelle oder religiöse Erfahrung vollkommener Verbundenheit.

Kräfte:	Bewußtheit
Symbolfiguren:	Der Weise/die Weise
Zu lösende Aufgabe:	Erfahrung der Verbundenheit

11. Menschen begleiten, von Menschen lernen

In diesem Kapitel

- beschreiben wir, wie sich unsere Ansichten und Einstellungen zu Therapie und Selbsterfahrung im Laufe der Jahre veränderten,
- gehen wir auf die Dauer von Veränderungsprozessen ein,
- gehen wir der Frage nach, ob man der eigene Therapeut sein kann.

These:

Alles, was wir brauchen, um auf bewußte Weise der eigene Therapeut zu werden, ist die Fähigkeit, uns selbst zu vertrauen und Kontakt zur in uns verborgenen Weisheit aufzunehmen.

Störungen und Probleme

Menschen begleiten bedeutet, bei Prozessen der Veränderung und Transformation behilflich zu sein.

Transformation entsteht durch Verbindung mit Elementen des Selbst, die uns bisher nicht bewußt waren. Wir nehmen verdrängte oder vernachlässigte Teile an, weil wir erkennen, daß jeder Teil des Selbst etwas Gutes für uns tun möchte, eine gute Absicht für das ganze Selbst verfolgt. Meist ist diese positive Absicht nicht deutlich, und es braucht Aufmerksamkeit und Geduld, sie in unseren Träumen, in Symptomen, in Gefühlen oder in veränderten Bewußtseinszuständen zu erkennen.

Doch diese Störungen des Alltagsbewußtseins sind notwendig. Ohne meine Rückenschmerzen (Mary) hätte ich trotz Therapie und Selbsterfahrung nicht so gründlich gelernt, mich öfter einmal »hängen zu lassen«. Nach jahrelanger Überforderung meldete sich meine verdrängte Sehnsucht nach Entspannung körperlich. Von nun an machten die Rückenschmerzen, was ich nicht tun konnte: sie brachten mich dazu, Rücksicht auf meine Bedürfnisse zu nehmen, machten mir die Grenzen meiner Leistungsfähigkeit klar und brachten mich in Kontakt mit der Lust, die Seele baumeln zu lassen und zu genießen. Ich kann ohne Übertreibung sagen, ein Teil von mir hat mich gezwungen, für mich zu sorgen. Doch lange Zeit machte es keinen Sinn, meine Schmerzen als Symptome einer verborgenen »Lust« zu begreifen. Vielmehr empfand ich diese Symptome als störend.

Das scheinbar Fremde

Probleme und Symptome werden allgemein als Störungen, als etwas Fremdes, nicht zu uns Gehörendes betrachtet. Sich mit diesen Teilen zu verbinden, das erfordert die Bereitschaft, die Erfahrung des scheinbar Fremden zu machen. Lassen wir uns auf dieses Experiment ein, stellen wir fest, daß diese Teile nicht wirklich bedrohlich sind.

Es ist gar nicht so schlimm, auch aggressiv, auch schwach, auch verrückt, auch verspielt, auch unvernünftig, auch stark, auch hart, auch klar, auch weich ... zu sein oder sein zu können, wie wir es uns zunächst vorstellten. Es kann im Gegenteil verblüffend sein, wie interessant das, was wir ablehnen, plötzlich wird, wenn wir uns damit verbinden. Dann entdecken wir bei unseren liebsten Feinden Qualitäten, die uns selbst fehlen und die uns weiterhelfen können.

Wir denken an das Beispiel einer Frau, die sich über das »Getratsche« und »Geschwätz« ihrer Nachbarin empörte. Als es ihr in einer Sitzung gelang, selbst wie die Nachbarin zu sein, zu tratschen und zu schwätzen, erkannte sie die besondere Fähigkeit ihrer Feindin. Diese Frau konnte »ungeniert und freiheraus« über alles mögliche reden, konnte fremde Menschen »einfach ansprechen« und »ihrem Ärger Luft machen« – alles Fähigkeiten, die unserer Klientin fehlten. Nachdem sie diese positiven Eigenschaften ihrer Feindin erkannt hatte, war die Nachbarin gleich sympathischer geworden und näher gerückt.

Das Fremde macht so lange angst, bis wir es in uns selbst gefunden haben. Dann brauchen wir die Menschen, die es repräsentieren, nicht mehr abzulehnen und sind selbst heiler geworden.

Heilung

Im Laufe der Jahre, in denen wir uns mit Selbsterfahrung und Therapie befassen, hat sich unser Verständnis von Therapie und Heilung grundlegend verändert.

Früher glaubten wir, die Beschäftigung mit Therapie und Selbsterfahrung könne körperliche und psychische Gesundheit garantieren; man brauche nur genügend Therapie zu machen und bewußt genug zu werden, dann würden alle Krankheiten und Symptome überflüssig und wir gesund. Unter Gesundheit verstanden wir einen Idealzustand frei von Problemen, Leiden und Störungen.

Heute haben wir begriffen, daß die Aufnahmefähigkeit unseres Bewußtseins begrenzt ist. Vieles können wir im Bewußtsein haben, aber der Rest unserer ungeheuren Vielfältigkeit bleibt unbewußt und kann das Jahre und Jahrzehnte sein. Irgendwann dann brauchen wir, aufgrund veränderter Lebensumstände oder individueller Entwicklungen, die Verbindung mit den unbewußten Kräften. Dann beginnt der Geburtsprozeß verdrängter Teile, die sich durch Störungen oder Symptome bemerkbar machen, gegen und über innere Schwellen drängen und sich durchsetzen, indem sie unsere Bewußtseinszustände verändern.

Es ist auf gewisse Weise naiv zu glauben, wir könnten Probleme »für immer« loswerden. Sicherlich können wir unnötiges Leiden auflösen, das entsteht, weil wir uns nicht verändern wollen oder nicht wissen, wie Veränderung geschehen kann, und uns deshalb dagegen wehren.

Aber wir brauchen oftmals Störungen und Probleme, um den Rahmen des Gewohnten verlassen zu können, um überhaupt zu merken, daß in unserem Leben etwas fehlt oder etwas nicht mehr stimmt.

Anstatt den idealen Zustand der Problemlosigkeit erreichen zu wollen, können wir Probleme als Hinweise auf anstehende Veränderungen begreifen und den Umgang mit ihnen lernen. Dann sind Störungen nicht einfach mehr störend, sondern Ankündigungen eines Wandels.

Fragten wir früher ausschließlich, was die Störung einem Menschen wegnahm, liegt unsere Aufmerksamkeit heute besonders darin, herauszufinden, womit uns ein Symptom, eine Situation oder ein veränderter Bewußtseinszustand in Kontakt bringen will, welche Lust in ihm liegt und welche Lebensqualität sich dadurch verwirklichen möchte.

Das Selbst heilt sich selbst

Wir begreifen Heilung heute als die Art und Weise, in der das Selbst sich (er)leben und vervollständigen, in der es sich heil machen will. Wir glauben an die Fähigkeit des Selbst, sich zu heilen – an die Fähigkeit der Selbstheilung. Diese Selbstheilung beinhaltet Störungen, Schwankungen, Extreme und ungewöhnliche Entwicklungen, die sich mit herkömmlichen Idealvorstellungen von Heilung nicht decken. Die Ganzwerdung des Selbst kann ungewöhnliche Wege gehen.

Ein Freund von uns hatte die ersten 63 Jahre seines Lebens im engen Korsett seiner Moral und der Verhaltensvorschriften seines sozialen Umfeldes gelebt. Er galt allen Menschen als ordentlich, aufrecht, stark und zuverlässig. Durch heimlichen Alkoholkonsum hatte sich der Einfluß verdrängter Seiten zwar schon angekündigt, doch bis zur Pensionierung gelang es ihm, diese Kräfte »unter Verschluß« zu halten. Als er sein Arbeitsfeld verließ, brachen seine Sehnsüchte durch, und der Mann wurde Alkoholiker. Innerhalb kurzer Zeit veränderte er sein Verhalten und zeigte seine »andere Seite«. Er ließ sich gehen, wurde unzuverlässig, nahm kaum noch etwas ernst, beschimpfte seine Verwandten, wurde egoistisch, fing an, laut zu singen, und verlor die Angst vor dem Tod, als er eines Tages betrunken stürzte und ohnmächtig wurde. Er beschrieb diese Ohnmacht folgendermaßen: »Wenn sterben so schön ist, dann habe ich keine Angst mehr davor.«

Wir können ohne Übertreibung sagen, daß die Heilung dieses Mannes darin besteht, vielleicht sogar für die restlichen Jahre seines Lebens, die andere Seite seines Selbst zu leben – die lässige, verspielte, unvernünftige, emotionale, verrückte und entspannte Seite, selbst wenn dies mit übermäßigem Alkoholgenuß verbunden sein mag. Nähme man diesem Mann den Alkohol, nähme man ihm womöglich den einzigen Zugang zu Gefühlen, von denen er zeit seines Lebens getrennt war.

Dieser Mann würde von vielen Therapeuten als kranker Mensch angesehen. Doch was für einen Menschen gut ist, was Heilung für ihn bedeutet und wie er seine Lebenserfahrung vervollständigt, ist oft ungewöhnlich und liegt außerhalb unserer Wertungen.

Begleitende Therapeuten brauchen den Mut, sich auf diesen Zustand des Nicht-Wissens und Nicht-Wertens einzulassen. Das zu tun stellt eine therapeutische Heldentat dar; und sobald wir uns einbilden, wir wüßten, befinden wir uns an der Grenze zur Manipulation und laufen Gefahr, unsere Offenheit zu verlieren und Opfer des therapeutischen Schattens zu werden, Opfer der Angst, als Therapeut zu versagen und nicht helfen zu können.

Gleichzeitig aber bringt es für Begleiter große Vorteile, nicht wissen zu müssen, was gut und richtig ist. Ein Bekannter, der lange Zeit traditionelle Körpertherapie praktizierte und bei seiner Arbeit von einem festen Verständnis des Richtigen und Falschen, Normalen oder Neurotischen ausging, veränderte durch die Haltung des Nicht-Wissens seine Arbeit. »Jetzt brauche ich mir nichts mehr für die Leute auszudenken. Die Sitzungen sind entspannter und lebendiger geworden, und ich fühle mich mehr in Verbindung mit den Menschen, die zu mir kommen.«

Therapeuten, die sich einbilden, zu wissen, was Heilung bedeutet und was der nächste Schritt eines Klienten ist, übernehmen eine Verantwortung für die Handlungen und das Leben des Klienten, die sie nicht einlösen können, wenn die Sitzung vorüber ist.

Bei der Entwicklung unseres Heilungsverständnisses haben wir aus den Büchern von Arnold Mindell, von denen wir einige im Anhang empfehlen, viele wertvolle Anregungen erhalten. Wir wollen uns auf diese Weise bei ihm bedanken.

Zeit und Veränderung

Eine weitere Lektion, die wir lernen mußten, betraf die Zeitdauer von Veränderungen. Wir glaubten anfangs, tiefgreifende persönliche Veränderungen seien innerhalb kurzer Zeiträume zu erreichen, und wurden durch spektakuläre und scheinbar spontane Erfolge in dieser Überzeugung unterstützt.

Inzwischen haben wir gelernt, daß es in der Entwicklung menschlichen Bewußtseins keine rasanten Bewegungen gibt. Zwar kann eine Erkenntnis plötzlich »über uns kommen« oder sich »schlagartig« ausbreiten. Aber sogar eine Explosion geschieht, wenn wir sie in ihrer Gesamtheit betrachten, nicht plötzlich. Es hat lange Zeit gedauert, den Sprengstoff zu sammeln, bevor ein Funke die Explosion auslösen konnte. Selbst eine plötzliche Veränderung ist also Ergebnis eines aus vielen Phasen bestehenden Prozesses. Manchmal genügt ein Windhauch, und der Apfel fällt vom Baum. Aber dazu muß er reif sein.

Heute unterscheiden wir zwischen Kurz- und Langzeitprozessen. Ein Kurzzeitprozeß mag darin bestehen, Einzelprobleme oder Beziehungen zu bestimmten Menschen zu klären. Psychosomatische Krankheiten gehören erfahrungsgemäß in den Bereich der Langzeitprozesse. Auch Liebesbeziehungen und Partnerschaften sind Lebensthemen – wir werden uns mit ihnen beschäftigen und über sie lernen, solange wir auf dieser Erde sind und mit Menschen zu tun haben.

Alltag

Ein weiterer Punkt, auf den wir kurz eingehen wollen, ist die Verbindung von Therapie und Alltag.

Immer wieder kommen Menschen in die Beratung, die vor Jahren »eine Therapie« gemacht haben und »doch wieder« vor Problemen stehen. Aussagen wie »Ich habe doch schon vier Jahre Therapie gemacht und geglaubt, das liege alles hinter mir« sind durchaus typisch in solchen Fällen.

Leider wird manchmal der Eindruck erweckt, als könne in Selbsterfahrung und Therapie tatsächlich ein »großer Aufwasch« gemacht, die Vergangenheit durch die therapeutische Mühle gedreht und damit abgehakt werden. Doch das ist sicher nicht möglich.

Der Alltag läßt Prozesse entstehen, reifen und Dinge »hochkommen«. Diese Seiten des Selbst, die von allein auftauchen, wollen erkannt und integriert werden. Wir können solche Prozesse nicht vorwegnehmen. Jede Therapie sollte sich deshalb in Übereinstimmung mit der Lebenssituation und dem Alltag des Klienten befinden, denn dort soll sich eine Veränderung auswirken.

Wer allerdings in Therapie und Selbsterfahrung lernt, wie das Selbst lernt, überträgt die Mechanismen der Veränderung in seinen Alltag und wird nach und nach sein eigener Therapeut.

Der eigene Therapeut sein

Die Hilfe anderer Menschen anzunehmen ist etwas Natürliches. Trotzdem hat es viele Vorteile, selbst mit der Dynamik menschlicher Veränderung vertraut zu sein. Wer mit den Prozessen seines Wandels umgehen kann, erwirbt Selbstvertrauen und eine Übereinstimmung mit sich selbst, die auch die eigene Widersprüchlichkeit mit einschließt.

Der eigene Therapeut zu sein ist letztlich das Ziel unserer Arbeit. Kann man überhaupt der »eigene Therapeut« sein? Nach allem, was wir in diesem Buch beschrieben haben, gibt es nur eine Antwort auf diese Frage:

Wir sind es bereits, und wir sind es immer gewesen!

Wir sind der eigene Therapeut durch die Art und Weise, in der das Unbewußte Einfluß auf unser Leben nimmt, in der sich unsere Lust auch gegen unseren Willen durchsetzt. Wir sind es durch:

- **Sehnsüchte und Träume, die unser Handeln bestimmen,**
- **eine Verliebtheit, die unser Leben durcheinanderbringt,**
- **Verrücktheiten, die uns »aus Versehen« passieren,**
- **außergewöhnliche Bewußtseinszustände, die uns »unabsichtlich« geschehen,**
- **einen »zufällig« verstauchten Fuß, der uns ruhigstellt,**
- **ein Magengeschwür, das uns empfindsam werden läßt,**
- **Herzinfarkt, der uns bewußter werden läßt.**

Wir sind der eigene Therapeut durch die unbewußten Mechanismen der Selbstregulation, denen wir ausgeliefert sind und die Teil unserer Natur zu sein scheinen. Alles, was wir brauchen, um auch auf *bewußte* Weise der eigene Therapeut zu werden, ist die Fähigkeit, uns selbst zu vertrauen und Kontakt zur in uns verborgenen Weisheit aufzunehmen.

Selbstregulation und Transformation beruhen auf einfachen Prinzipien. Wem es gelingt, mit sich selbst zu »arbeiten«, der gewinnt individuelle Stärke aus sich selbst. Diese Stärke besteht im Vertrauen in die Weisheit des Selbst. Wir können in uns selbst und aus uns selbst Orientierung für alle Situationen und Wechselfälle finden, die das Leben bereithält. Was wir brauchen, ist Sensibilität für unsere Lust, für die Impulse und Botschaften des Unbewußten, und den Mut, diese aufzunehmen und zu erforschen.

Tun wir das, entsteht nach und nach ein organisches Verständnis für den Sinn des Wandels, der Teil unseres Wesens ist. Es gibt wahrscheinlich keine größere Freude, als durch alle Stürme, Höhen und Tiefen des Lebens hindurchzugehen und *sich treu zu bleiben, weil man sich verändern kann.*

Doch bei allem Optimismus – niemand schüttelt die Fähigkeit der Selbstregulation »aus dem Ärmel« – sie will erworben sein. Es ist ein Jahre dauernder Prozeß, der sie entstehen läßt und in dem es darum geht, zu lernen, wie das Selbst lernt. Haben wir dann die natürliche Methode der Transformation erkannt und wenden sie auf uns an, können wir Prozesse der Veränderung unabhängig von ihrem Inhalt handhaben.

Obwohl Selbstregulation erlernt werden will, hat Selbsterfahrung für uns nichts mit »Arbeit« zu tun. Wir glauben, daß Selbsterfahrung Spaß machen kann und dies auch sollte, wenn sie zu Freude und Vertrauen führen soll. Uns hat sie immer Spaß gemacht und Freude gebracht. Durch diese Orientierung an Lust und Freude trägt Selbsterfahrung zur Bereicherung des Lebens bei und erhält die Lust auf Veränderung.

Anmerkungen

1 Vgl. Tonkassette von *Ron Smothermoon*,, Kontext, Context-Verlag, Bielefeld o. J.
2 Siehe *Arnold Mindell*, Die Schatten der Stadt, Paderborn 1989
3 Zur Thematik des Schattens in der Partnerschaft siehe *Michael Mary*, Wirklich lieben, Großensee 1988 und: *Michael Mary*, Schluß mit dem Beziehungskrampf, Stuttgart 1991
4 *Arnold Mindell* begründete die Prozeßorientierte Psychologie. Vgl. Buchempfehlungen
5 Vgl. hierzu *Arnold Mindell* über Doppelsignale, in: Der Leib und seine Träume, Olten 1989
6 Vgl. *Michael Mary*, Wirklich lieben, Großensee 1988
7 *Joseph Campbell with Bill Moyers*, The Power of Myth, New York 1988
8 *Joseph Campbell*, ebenda
9 Siehe dazu: *Michael Mary*, Schluß mit dem Beziehungskrampf, Stuttgart 1991

Für Informationen über unsere Arbeit wenden Sie sich bitte an:

Institut für Methodische Transformation
Mary/Nordholt
Hallerstr. 64
2000 Hamburg 13
Tel 04154/6405
Fax 04154/6495

Buchempfehlungen:

Mary, Michael
Wirklich lieben, Großensee 1988
Schluß mit dem Beziehungskrampf, Stuttgart 1991

Mindell, Arnold
Der Leib und die Träume, Paderborn 1987
Die Schatten der Stadt, Paderborn 1989
Schlüssel zum Erwachen, CH – Olten 1989

Lieben Männer zu wenig, Frauen zu sehr?

Warum fühlen sich Männer in der Liebe oft eingeengt, warum fühlen sich Frauen oftmals vernachlässigt? Dieses Buch räumt auf mit den Schuldzuweisungen. Es stellt die Aussagen beider Partner nebeneinander und zeigt Wege aus dem Beziehungsdilemma zwischen Freiheitsdrang und Liebeszwang.

Michael Mary
Schluß mit dem Beziehungskrampf
Wie sich die Frau nicht mehr vernachlässigt
und der Mann nicht mehr eingeengt fühlt
256 Seiten, Paperback

Das Lampenfieber-Buch: Hilfe gegen die Angst, die jeder kennt.

Das Buch gegen die Angst, die jeder kennt: Lampenfieber. Die von namhaften Künstlern und Prominenten konsultierte Autorin beschreibt die verschiedenen Symptome und psychischen Reaktionen im Zusammenhang mit dieser Alltagsangst. Sie zeigt, wie das Lampenfieber zum Wegweiser werden kann, um sich selbst besser kennenzulernen und die Ursachen des Lampenfiebers abzubauen.

Irmtraud Tarr Krüger
Lampenfieber
Ursachen – Wirkung – Therapie
240 Seiten, Paperback

KREUZ: Was Menschen bewegt